인생에 한 번은 읽어야 할
논어

옛글의
향기 6

인생에 한 번은 읽어야 할

논어

論語

시대를 초월한 삶의 지침이 보인다

공자 지음 ― 최상용 옮김

논어
論語
완역본

일상이상

『논어』를 소설처럼 쉽고 재미있게 읽기 위해

유가(儒家)의 대표 경전인 공자(孔子)의 『논어(論語)』는 대부분이 대화체 형식으로 구성되었습니다. 도가(道家)의 대표 경전인 노자의 『도덕경(道德經)』(5,200여 글자로 구성)이 '무위자연(無爲自然)'과 같은 사상을 일관되게 주장한 반면 『논어』(1만 5,900여 글자로 구성)는 공자와 그의 제자들의 일상을 담아 묶어낸 '어록(語錄)'에 가깝습니다. 즉 제자들이 스승 공자와 나누었던 이야기를 발췌하고 편집한 담화집인 겁니다. 그래서 『한서(漢書) 예문지(藝文志)』에는 "스승이 죽자 문인들이 그것을 모아 논의하여 편찬하였으므로 논어라고 한 것이다"라고 기록되어 있습니다.

『논어』는 공자의 언행과 습관뿐만 아니라 춘추시대의 생활상, 더 나아가 인간과 삶에 대한 모든 것을 담아냈습니다. 다른 경전들이 대부분 알맹이만을 가려내어 담아낸 반면 『논어』는 공자의 시시콜콜한 것까지도 그대로 수록하고 있으니 담백한 일상의 기록이라 할 수 있습니다.

우리가 익히 아는 사마천(司馬遷)은 노자(老子)의 『도덕경』과 황제(黃帝)의 『황제내경(黃帝內徑)』을 융합한 황로학(黃老學)의 신봉자였습니다. 그런 그가 대립학파였던 유가의 공자를 위대한 사상가로 기술하고 있다는 점에서도, 공자의 위상을 엿볼 수 있습니다. 『사기(史記) 공자세가(孔子世家)』에는 공자의 삶이 잘 기록되어 있고, 『사기(史記) 중니제자열전(仲尼弟子列傳)』·『사기(史記) 맹자순경열전(孟子荀卿列傳)』·『사기(史記) 유림열전(儒林列傳)』 등은 제자들의 행적과 유가의 발전 과정을 자세히 다루고 있습니다.

　『사기』에 따르면 공자는 기원전 551년 노(魯)나라 창평향(昌平鄕) 추읍(陬邑)에서 태어났으며, 그의 조상은 송나라 사람 공방숙(孔防叔)입니다. 아버지 숙양홀(叔梁紇)과 어머니 안씨(顔氏) 사이에서 태어났으며, 태어나면서부터 정수리가 움푹 들어가 둘레가 언덕처럼 솟아 있어 이름을 구(丘: 언덕 구)라고 했답니다. 자신의 딸을 공야장에게 주었고 아들이 먼저 세상을 떠났다는 기록으로 보아, 슬하에 최소 1남 1녀 이상의 자녀를 두었음을 알 수 있습니다.

　『논어』에 등장하는 인물은 150여 명인데, 요임금을 비롯해 공자의 제자들과 당시의 정치인들이었습니다. 『사기 공자세가』에 따르면 "제자가 대체로 3천 명이었고, 육예(六藝: 고대 중국 교육의 여섯 가지 과목)에 능통한 사람이 72명이었다"고 합니다.

　우리의 경우 조선왕조 5백여 년 동안 유교를 통치이념으로 삼았는데, 사서(四書)인 『대학(大學)』·『중용(中庸)』·『논어』·『맹자(孟子)』와 삼경(三經)인 『시경(詩經)』·『서경(書經)』·『역경(易經)』은 필독서였으며 과거시험의 필수과목이기도 하였습니다. 그리고 오늘날에도 『논어』는 사서삼경 중 가장 많이 읽는 책이고, 인생에 한 번은 꼭 읽어야 할 인문고전이기도 합니다.

그렇다면 『논어』에는 어떤 내용이 담겨 있을까요? 『논어』의 전반부에는 공자의 핵심사상인 '학(學)·정(政)·인(仁)' 등이 기술되어 있고, 후반부에는 공자와 제자 등 인물들과 관련된 이야기를 담고 있습니다.

필자는 『논어』가 학문과 심신수양을 하는 옛사람이나 현대인에게도 훌륭한 지침서가 될 수 있다고 생각해, 지난 몇 년간 필자의 블로그 '옛글의 향기와 삶(https://choisy1227.blog.me/)'에 올리며 가슴으로 읽고 삭여왔습니다.

앞서 출간한 '옛글의 향기' 시리즈인 『노자도덕경하상공장구(老子道德經河上公章句)』, 『장자(莊子)-내편(內篇)·외편(外篇)·잡편(雜篇)』, 『대학(大學)·중용(中庸)』과 마찬가지로 쉬운 우리말로 원전을 완역하였기에, 번역문만 읽어도 그 의미를 이해하는 데 어려움이 없을 것입니다. 이 책은 각주나 해설 등을 과감히 생략했습니다. 각주와 해설을 읽느라 정작 중요한 원전의 핵심내용을 놓칠 수도 있기 때문이랍니다. 그 대신 원전을 그대로 읽고자 하는 독자를 위해 한자원문을 병행했고, 한자원문을 소리 내어 읽는 음독(音讀)을 선호하는 독자를 위해 한자원문 옆에 한글표기를 병행했습니다.

『논어』에서 공자는 엄격한 시각으로 춘추시대 인물들을 파악하고, 제자들의 언행을 예로 들며 무엇이 옳고 그른지를 일깨우고 있어, 오늘날을 살아가는 현대인들에게도 자양분이 됩니다. 따라서 시대를 초월해 오늘날에도 그대로 응용한다면 여러모로 유용한 지침이 될 수 있을 것 같습니다. 이 책을 통해 보다 많은 사람들이 삶의 지침을 세워 윤택하고도 풍요로운 일상이 되었으면 좋겠습니다.

2019년 11월

휴심재(休心齋)에서 죽곡(竹谷) 최상용(崔桑鎔)

학이
學而

• • •

1-1 일상의 즐거움

공자께서 말씀하셨습니다.

"배우고 시시때때로 그것을 익히면 이 또한 기쁘지 아니한가요? 벗이 있어 먼 곳에서 찾아오면 이 또한 즐겁지 아니한가요? 남이 나를 알아주지 않아도 화내지 않으면 이 또한 군자답지 아니한가요?"

子曰(자왈): "學而時習之(학이시습지), 不亦說乎(불역열호)? 有朋 自遠方來(유붕자원방래), 不亦樂乎(불역락호)? 人不知而不慍(인부 지이불온), 不亦君子乎(불역군자호)?"

1-2 사람됨의 근본

유자가 말했습니다.

"그 사람됨이 효성스럽고 형제애가 있으면서, 윗사람에게 어긋난 짓을 좋아하는 사람은 드뭅니다. 윗사람에게 어긋난 짓을 하기를 좋아하지 않으면서 혼란을 일으키기를 좋아하는 사람은 아직까지 있지 않았습니다. 군자는 근본에 힘을 쓰니, 근본이 서면 도가 생겨납니다. 효도와 형제애는 인을 행하는 근본입니다!"

有子曰(유자왈): "其爲人也孝弟(기위인야효제), 而好犯上者(이호범상자), 鮮矣(선의), 不好犯上(불호범상), 而好作亂者(이호작란자), 未之有也(미지유야). 君子務本(군자무본), 本立而道生(본립이도생). 孝弟也者(효제야자), 其爲仁之本與(기위인지본여)!"

1-3 교언영색

공자께서 말씀하셨습니다.

"말을 교묘하게 하고 얼굴빛을 꾸미는 사람 중에는 어진 사람이 드뭅니다!"

子曰(자왈): "巧言令色(교언영색), 鮮矣仁(선의인)!"

1-4 하루 세 번의 반성

증자가 말했습니다.

"나는 날마다 내 자신을 세 번 반성합니다. 다른 사람을 위해 무언가를 도모하는 데 진심을 다하지 않았습니까? 벗들과 사귀면서 믿음을 다하지 않았습니까? 배운 것을 익히지 않았습니까?"

曾子曰(증자왈): "吾日三省吾身(오일삼성오신), 爲人謀而不忠乎(위인모이불충호)? 與朋友交而不信乎(여붕우교이불신호)? 傳不習乎(전불습호)?"

1-5 나라를 다스리는 법

공자께서 말씀하셨습니다.

"천 대의 전차를 가진 나라를 다스릴 때는, 일을 경건하게 처리하여 믿음을 얻어야 하고, 씀씀이를 절약하고 사람을 사랑하며, 백성을 부리되 때에 맞게 해야 합니다."

子曰(자왈): "道千乘之國(도천승지국), 敬事而信(경사이신), 節用而愛人(절용이애인), 使民以時(사민이시)."

1-6 글을 배우는 것보다 중요한 것

공자께서 말씀하셨습니다.

"제자들아! 집에 들어와서는 효도하고, 집을 나서서는 이웃을 공경하며, 언행을 정중하게 하고 믿음직스럽게 행동하고, 널리 사람들을 사랑하면서도 어진 사람을 가까이 해야 한단다. 이를 실천하고 남는 힘이 있으면 곧 글을 배워야 하지."

子曰(자왈): "弟子(제자), 入則孝(입즉효), 出則悌(출즉제), 謹而信(근이신), 汎愛衆(범애중), 而親仁(이친인). 行有餘力(행유여력), 則以學文(즉이학문)."

1-7 배움이 있는 사람이란

위나라 문학가 자하가 말했습니다.

"현명한 사람을 존경하는 것을 여색을 밝히는 것처럼 하고, 부모를 섬기는 것에 자기 힘을 다해야 하며, 임금을 섬기는 것에 자기 몸을 바쳐야 하고, 친구와 사귈 때는 말에 믿음이 있다면, 비록 배우지 못했다 해도 나는 반드시 배움이 있는 사람이라고 말하겠습니다."

子夏曰(자하왈): "賢賢易色(현현역색), 事父母(사부모), 能竭其力(능갈기력), 事君(사군), 能致其身(능치기신), 與朋友交(여붕우교), 言而有信(언이유신). 雖曰未學(수왈미학), 吾必(오필), 謂之學矣(위지학의)."

1-8 잘못이 있으면 고치는 것을 꺼리지 말아야

공자께서 말씀하셨습니다.

"군자가 신중하지 않으면 위엄이 없고, 배워도 확고하지 못합니다. 충심과 믿음을 위주로 하고, 자기보다 못한 자와 사귀지 말며, 잘못이 있으면 고치는 것을 꺼리지 말아야 합니다."

子曰(자왈): "君子不重(군자부중), 則不威(즉불위), 學則不固(학즉불고). 主忠信(주충신). 無友不如己者(무우불여기자). 過則勿憚改(과즉물탄개)."

1-9 조상에 대한 예의

증자가 말했습니다.

"돌아가신 조상을 잘 모시고 먼 조상들까지 추모하면, 백성의 덕이 두터운 데로 돌아갈 겁니다."

曾子曰(증자왈): "慎終追遠(신종추원), 民德歸厚矣(민덕귀후의)."

1-10 범인과 공자의 차이

제자 자금이 스승 자공에게 물었습니다.

"공자님께서 어떤 나라에 도착하시면 반드시 그 나라의 정사에 대해 들으셨는데, 그것을 요구하신 겁니까? 아니면 그들이 공자님께 들려주신 겁니까?"

이에 자공이 대답합니다.

"공자님께선 따스함, 선량함, 공경함, 검소함, 겸손함으로써 그것을 얻은 것이니, 공자님께서 그것을 구한 것은 다른 사람이 그것을 구한 것과는 다를 것이야!"

子禽問於子貢曰(자금문어자공왈): "夫子至於是邦也(부자지어시방야), 必聞其政(필문기정), 求之與(구지여)? 抑與之與(억여지여)?"
子貢曰(자공왈): "夫子溫良恭儉讓(부자온량공검양), 以得之(이득지). 夫子之求之也(부자지구지야), 其諸異乎人之求之與(기저이호인지구지여)!"

1-11 공자가 본 효도

공자께서 말씀하셨습니다.

"아버지께서 살아 계실 적에는 자식으로서 그분의 의중을 살피고, 아버지께서 돌아가신 뒤에도 그분의 행적을 살피며 3년 동안 아버지께서 하시던 일을 고치지 않는다면 효도라고 말할 수 있을 겁니다."

子曰(자왈): "父在觀其志(부재관기지), 父沒觀其行(부몰관기행), 三年無改於父之道(삼년무개어부지도), 可謂孝矣(가위효의)."

1-12 공자가 본 예

공자의 제자 유자가 말했습니다.

"예를 행할 때는 조화가 중요합니다. 선왕들의 도에서는 이러한 조화를 아름답게 여겼답니다. 작은 일이든 큰일이든 이 도에 따라 처리했습니다. 그것만으로는 행해지지 않기도 하는데, 조화를 중요하게 여겨 조화만 추구하고, 예로써 그것을 절제하지 못하면, 이 또한 행해질 수는 없는 겁니다."

有子曰(유자왈): "禮之用(예지용), 和爲貴(화위귀). 先王之道(선왕지도), 斯爲美(사위미), 小大由之(소대유지). 有所不行(유소불행), 知和而和(지화이화), 不以禮節之(불이예절지), 亦不可行也(역불가행야)."

1-13 친함을 잃지 않는 게 으뜸

유자가 말했습니다.

"믿음이 의로움에 가까우면 그 말은 실천할 수 있습니다. 공손함이 예의에 가까우면 부끄러움과 욕됨에서 멀어지게 됩니다. 그리하여 그 친함을 잃지 않는다면 역시 으뜸으로 삼을 수 있습니다."

有子曰(유자왈): "信近於義(신근어의), 言可復也(언가복야). 恭近

於禮(공근어례), 遠恥辱也(원치욕야). 因不失其親(인부실기친), 亦可
宗也(역가종야)."

1-14 군자의 도

공자께서 말씀하셨습니다.

"군자는 먹을 때는 배부름을 추구하지 않고, 집에 머물 때는 편
안함을 추구하지 않으며, 일을 처리하는 데는 민첩하고 말하는 데
는 신중하면서, 도가 있는 곳에 나아가 스스로를 바로잡는다면 배
우기를 좋아한다고 말할 수 있을 겁니다."

子曰(자왈): "君子食無求飽(군자식무구포), 居無求安(거무구안),
敏於事而愼於言(민어사이신어언), 就有道而正焉(취유도이정언), 可
謂好學也已(가위호학야이)."

1-15 즐거움과 예의가 우선

자공이 물었습니다.

"가난하면서도 아첨하지 않고, 부유하면서도 교만하지 않으면
어떻습니까?"

공자께서 말씀하셨습니다.

"좋기는 하다만, 가난하면서도 이를 즐거움으로 삼고 부유하면
서도 예의를 좋아하는 것만은 못하지."

다시 자공이 물었습니다.

"『시경』에서 '칼로 자르듯이, 줄로 갈듯이, 정으로 쪼듯이, 숫돌
로 갈듯이'라고 한 것은 이것을 두고 한 말입니까?"

공자께서 말씀하셨습니다.

"사(자공의 자)야! 비로소 너와 더불어 시를 말할 수 있겠구나. 이미 지나간 것을 알려주었더니 다가올 것을 알아채는구나."

子貢曰(자공왈): "貧而無諂(빈이무첨), 富而無驕(부이무교), 何如(하여)?" 子曰(자왈): "可也(가야), 未若貧而樂(미약빈이락), 富而好禮者也(부이호례자야)." 子貢曰(자공왈): "詩云(시운), '如切如磋(여절여차), 如琢如磨(여탁여마)', 其斯之謂與(기사지위여)?" 子曰(자왈): "賜也(사야), 始可與言詩已矣(시가여언시이의), 告諸往而知來者(고저왕이지래자)."

1-16 남을 알지 못할까 걱정하시오

공자께서 말씀하셨습니다.

"남이 나를 알아주지 않는 것을 걱정하지 마시고, 내가 남을 알지 못하는 것을 걱정하시오."

子曰(자왈): "不患人之不己知(불환인지불기지), 患不知人也(환부지인야)."

위정
爲政

• • •

2–1 덕으로 하는 정치

공자께서 말씀하셨습니다.

"정치를 덕으로 하는 것은, 비유하자면 북극성이 제자리를 지키고 있어서, 다른 별들이 그를 떠받드는 것과 같은 겁니다."

子曰(자왈): "爲政以德(위정이덕), 譬如北辰(비여북신), 居其所而衆星共之(거기소이중성공지)."

2–2 생각에 사악함이 없는 것이 시(詩)

공자께서 말씀하셨습니다.

"『시경』의 시 3백 편을 한마디로 말한다면 '생각에 사악함이 없다'는 겁니다."

子曰(자왈): "詩三百(시삼백), 一言以蔽之(일언이폐지), 曰(왈): '思無邪(사무사)'."

2-3 정치적 명령과 형벌의 폐해

공자께서 말씀하셨습니다.

"정치적 명령으로 이끌고 형벌로 다스리면, 백성들은 법망을 빠져나가려 하고 부끄러움을 모릅니다. 덕으로 이끌고 예로 다스리면 백성들은 부끄러움을 알고 잘못을 바로잡게 된답니다."

子曰(자왈): "道之以政(도지이정), 齊之以刑(제지이형), 民免而無恥(민면이무치), 道之以德(도지이덕), 齊之以禮(제지이례), 有恥且格(유치차격)."

2-4 나이에 맞게 살다

공자께서 말씀하셨습니다.

"나는 15세에 학문에 뜻을 두었고, 30세가 되어서는 자립했으며, 40세가 되어서는 세상일에 미혹되지 않았고, 50세가 되어서는 천명인 하늘의 명을 알게 되었으며, 60세가 되어서는 귀로 모든 것을 순리로 받아들였고, 70세가 되어서는 마음에 따라 행해도 법도를 어기지 않았답니다."

子曰(자왈): "吾十有五而志于學(오십유오이지우학), 三十而立(삼십이립), 四十而不惑(사십이불혹), 五十而知天命(오십이지천명), 六十而耳順(육십이이순), 七十而從心所欲(칠십이종심소욕), 不踰矩(불유구)."

2-5 효란 예로써 하는 것

노나라의 대부 맹의자가 효에 대해 물었습니다. 이에 공자께서 말씀하셨습니다.

"예를 어기지 않는 겁니다."

제자 번지가 수레를 몰고 있었는데, 공자께서 그에게 말씀하셨습니다.

"맹손이 나에게 효에 대해 물어 예를 어기지 않는 것이라고 대답했지."

번지가 말했습니다.

"무슨 뜻으로 말씀하신 겁니까?"

그러자 공자께서 말씀하셨습니다.

"부모가 살아 계실 때는 예로써 섬기고, 돌아가신 다음에는 예로써 장례를 치르고, 예로써 제사를 모시는 것이란다."

孟懿子問孝(맹의자문효). 子曰(자왈): "無違(무위)." 樊遲御(번지어), 子告之曰(자고지왈): "孟孫問孝於我(맹손문효어아), 我對曰(아대왈), 無違(무위)." 樊遲曰(번지왈): "何謂也(하위야)?" 子曰(자왈): "生事之以禮(생사지이례), 死葬之以禮(사장지이례), 祭之以禮(제지이례)."

2-6 부모의 자식 걱정

노나라 대부 맹무백이 효에 대해 물었습니다. 이에 공자께서 말씀하셨습니다.

"부모는 오로지 자식의 질병을 걱정한답니다."

孟武伯問孝(맹무백문효). 子曰(자왈): "父母唯其疾之憂(부모유기질지우)."

2-7 공경하는 마음이 앞서야

제자 자유가 효에 대해 물었습니다. 그러자 공자께서 대답하셨습니다.

"오늘날의 효는 부모를 잘 봉양하는 것을 말하지. 개나 말 따위도 모두 서로를 먹여주고 있으니, 공경하는 마음이 없다면 무엇으로 구별하겠느냐?"

子游問孝(자유문효). 子曰(자왈): "今之孝者(금지효자), 是謂能養(시위능양). 至於犬馬(지어견마), 皆能有養(개능유양), 不敬(불경), 何以別乎(하이별호)?"

2-8 진정한 효란

자하가 효에 대해 물었습니다. 공자께서 대답하셨습니다.

"늘 안색을 밝게 하는 게 어렵단다. 일이 있을 때 자식이 그 수고로움을 다하고, 술과 음식이 있을 때 윗사람을 먼저 드시게 한다고 하여, 이것을 효라고 할 수 있겠느냐?"

子夏問孝(자하문효). 子曰(자왈): "色難(색난). 有事(유사), 弟子服其勞(제자복기로), 有酒食(유주사), 先生饌(선생찬), 曾是以爲孝乎(증시이위효호)?"

2-9 안회는 어리석지 않다

공자께서 말씀하셨습니다.

"내가 안회와 온종일 이야기를 나눴는데, 내 말에 질문을 하지 않아 어리석은 것도 같았지요. 물러간 뒤에 그가 홀로 지내는 것을 살펴보니 역시 내가 말한 것을 충분히 펼치고 있었으니, 안회는 어리석지는 않더군요."

子曰(자왈): "吾與回言終日(오여회언종일), 不違如愚(불위여우). 退而省其私(퇴이성기사), 亦足以發(역족이발), 回也不愚(회야불우)."

2-10 사람이 어떻게 자신을 숨기겠습니까?

공자께서 말씀하셨습니다.

"그가 행하는 일을 보고, 그가 어떤 이유로 그러한지를 관찰하고, 그가 편안하게 여기는 것을 세밀히 살펴보아야 합니다. 사람이 어떻게 자신을 숨기겠습니까? 사람이 어떻게 자신을 숨기겠습니까?"

子曰(자왈): "視其所以(시기소이), 觀其所由(관기소유), 察其所安(찰기소안). 人焉廋哉(인언수재)? 人焉廋哉(인언수재)?"

2-11 온고지신

공자께서 말씀하셨습니다.

"옛것을 익히고 새로운 것을 알면 스승으로 삼을 수 있답니다."

子曰(자왈): "溫故而知新(온고이지신), 可以爲師矣(가이위사의)."

2-12 군자는 한정할 수 없다

공자께서 말씀하셨습니다.

"군자는 일정한 모양으로 정해진 그릇이 아니랍니다."

子曰(자왈): "君子不器(군자불기)."

2-13 말보다 실천이 먼저

자공이 군자에 대해 물었습니다. 이에 공자께서 말씀하셨습니다.

"말을 앞세우기보다 먼저 실천하고 그 후에 말이 따르게 한단다."

子貢問君子(자공문군자). 子曰(자왈): "先行其言而後從之(선행기언이후종지)."

2-14 군자와 소인의 차이

공자께서 말씀하셨습니다.

"군자는 두루 잘 지내며 편을 가르지 않고, 소인은 편을 가르면서 두루 잘 지내지 않습니다."

子曰(자왈): "君子周而不比(군자주이불비), 小人比而不周(소인비이불주)."

2-15 배우면서 생각하라

공자께서 말씀하셨습니다.

"배우기만 하고 생각하지 않으면 그물처럼 얽혀들고, 생각하기만 하고 배우지 않으면 위태롭답니다."

子曰(자왈): "學而不思則罔(학이불사즉망), 思而不學則殆(사이불학즉태)."

2-16 이단을 공격하면
공자께서 말씀하셨습니다.
"이단을 공격하는 것은, 해로울 뿐이랍니다."
子曰(자왈): "攻乎異端(공호이단), 斯害也已(사해야이)."

2-17 안다는 것
공자께서 말씀하셨습니다.
"유(자로)야! 너에게 안다는 것이 무엇인지 가르쳐주마! 어떤 것을 알면 안다고 하고 알지 못하면 알지 못한다고 하는 것, 이것이 바로 아는 것이란다."
子曰(자왈): "由(유)! 誨女知之乎(회여지지호)! 知之爲知之(지지위지지), 不知爲不知(부지위부지), 是知也(시지야)."

2-18 녹봉을 구하는 방법
제자 자장이 녹봉을 구하는 방법을 배우고자 하였습니다. 이에 공자께서 말씀하셨습니다.
"많이 들되 의심나는 것은 빼버리고, 그 나머지를 신중하게 말하면 허물은 적어질 것이야. 많이 보되 위태로운 것을 빼버리고 그 나머지를 신중하게 실행하면 후회는 적어지지. 말에 허물이 적고 행동에 후회가 적으면 녹봉은 그 가운데 들어 있단다."

子張學干祿(자장학간록). 子曰(자왈):"多聞闕疑(다문궐의), 愼言
其餘(신언기여), 則寡尤(즉과우), 多見闕殆(다견궐태), 愼行其餘(신
행기여), 則寡悔(즉과회). 言寡尤(언과우), 行寡悔(행과회), 祿在其中
矣(녹재기중의)."

2-19 정직한 사람을 천거하라

노나라 임금 애공이 물었습니다.

"어떻게 하면 백성들이 복종합니까?"

이에 공자께서 대답하셨습니다.

"정직한 사람을 천거하여 모든 부정한 사람들 위에 두면 백성들
은 복종하겠지만, 부정한 사람을 천거하여 모든 정직한 사람들 위
에 두면 백성들은 복종하지 않을 겁니다."

哀公問曰(애공문왈):"何爲則民服(하위즉민복)?" 孔子對曰(공자
대왈):"擧直錯諸枉(거직조제왕), 則民服(즉민복), 擧枉錯諸直(거왕
조제직), 則民不服(즉민불복)."

2-20 부모님께 효도하고 자애로우면

노나라 대부 계강자가 물었습니다.

"백성들로 하여금 공경하고 충성하게 하려면 어떻게 하면 되겠
습니까?"

공자께서 대답하셨습니다.

"백성들을 위엄 있게 대하면 백성이 공경하고, 부모님께 효도하
고 자애로우면 충심을 다할 것이며, 착한 사람을 천거하여 부족한

사람을 가르치게 하면 될 겁니다."

季康子問(계강자문): "使民敬忠以勸(사민경충이권), 如之何(여지하)?" 子曰(자왈): "臨之以莊則敬(임지이장즉경), 孝慈則忠(효자즉충), 擧善而敎不能則勸(거선이교불능즉권)."

2-21 효도와 우애도 정치

어떤 사람이 공자께 말했습니다.

"선생께서는 어찌하여 정치를 하지 않습니까?"

이에 공자께서 말씀하셨습니다.

"『서경(書經)』에 이르기를 '효도하고 오직 효도하며 형제간에 우애가 있고, 이것을 정치에 베풀어라'라고 했습니다. 이 역시 정치를 하는 것이니, 어찌 벼슬을 해야만 꼭 정치를 하는 것이겠습니까?"

或謂孔子曰(혹위공자왈): "子奚不爲政(자해불위정)?" 子曰(자왈): "書云(서운), '孝乎惟孝(효호유효), 友于兄弟(우우형제), 施於有政(시어유정).' 是亦爲政(이역위정), 奚其爲爲政(해기위위정)?"

2-22 사람에게는 신뢰가 있어야

공자께서 말씀하셨습니다.

"사람이면서 신뢰가 없다면 어떻게 해야 할지 알 수 없습니다. 큰 수레에 끌채가 없고, 작은 수레에도 끌채가 없다면, 그러한 수레를 어떻게 몰고 갈 수 있겠습니까?"

子曰(자왈): "人而無信(인이무신), 不知其可也(부지기가야). 大車無輗(대거무예), 小車無軏(소거무월), 其何以行之哉(기하이행지재)?"

2-23 주나라의 예절을 따라야

제자 자장이 물었습니다.

"열 왕조 이후의 일을 알 수 있겠습니까?"

공자께서 말씀하셨습니다.

"은나라는 하나라의 예절을 이어받았는데 거기에서 덜고 보탠 것을 알 수 있다. 주나라는 은나라의 예절을 따랐는데 거기에서 덜고 보탰다는 것을 알 수 있단다. 아마도 주나라를 계승한다면 비록 백 왕조 이후의 일이라 할지라도 알 수 있을 것이야."

子張問(자장문), "十世可知也(십세가지야)?"子曰(자왈): "殷因於 夏禮(은인어하례), 所損益(소손익), 可知也(가지야), 周因於殷禮(주 인어은례), 所損益(소손익), 可知也(가지야). 其或繼周者(기혹계주자), 雖百世(수백세), 可知也(가지야)."

2-24 사특한 것과 용기 없는 것

공자께서 말씀하셨습니다.

"자기 조상의 귀신이 아닌데도 제사지내는 것은 아첨하는 것입니다. 의로운 일을 보고도 하지 않는 것은 용기가 없는 것이랍니다."

子曰(자왈): "非其鬼而祭之(비기귀이제지), 諂也(첨야). 見義不爲 (견의불위), 無勇也(무용야)."

팔일
八佾

• • •

3-1 의례는 자기 분수에 맞게 행해야

공자께서 자기 분수를 잃고 의례를 행한 계씨에 대해 말씀하셨습니다.

"종묘에서 추는 춤인 팔일무를 자기 집 뜰에서 추게 했으니, 이 행위를 참을 수 있었다면 무엇인들 참아낼 수 없었을까요?"

孔子謂季氏(공자위계씨), "八佾舞於庭(팔일무어정), 是可忍也(시가인야), 孰不可忍也(숙불가인야)?"

3-2 감히 어찌 대신들이

노나라의 세 집안에서 제사를 지내고 '옹(雍)'을 부르며 제기를 거두었습니다.

이를 두고 공자께서 말씀하셨습니다.

"'제사를 돕는 사람은 제후들이고 천자께서는 말없이 엄숙하시네'라는 노래를 어찌 대신들인 세 가문의 묘당에서 가져다 부른단 말이요?"

三家者以雍徹(삼가자이옹철). 子曰(자왈): "相維辟公(상유벽공), 天子穆穆(천자목목)', 奚取於三家之堂(해취어삼가지당)?"

3-3 사람이면서 인(仁)하지 않으면

공자께서 말씀하셨습니다.

"사람이면서 어질지 않으면 예 같은 것이 무슨 소용이겠습니까? 사람이면서 인(仁)하지 않으면 음악 같은 것이 무슨 소용이겠습니까?"

子曰(자왈): "人而不仁(인이불인), 如禮何(여례하)? 人而不仁(인이불인), 如樂何(여악하)?"

3-4 예와 상례에 대해

임방이라는 사람이 예의 근본에 대해 물었습니다.

이에 공자께서 말씀하셨습니다.

"대단한 질문이로군요! 예는 사치스러운 것보다는 차라리 검소한 것이 낫고, 상례는 손쉽게 처리하는 것보다는 차라리 슬퍼하는 것이 낫답니다."

林放問禮之本(임방문례지본). 子曰(자왈): "大哉問(대재문)! 禮(예), 與其奢也寧儉(여기사야녕검), 喪(상), 與其易也寧戚(여기이야

녕척)."

3-5 중원의 군주가 낫다

공자께서 말씀하셨습니다.

"오랑캐들에게도 임금이 있으나, 이는 중원에 군주가 없는 것보다는 못하답니다."

子曰(자왈): "夷狄之有君(이적지유군), 不如諸夏之亡也(불여저하지무야)."

3-6 감히 태산에 제사를

계씨(계강자)가 태산에 제사를 지내려 했습니다. 공자께서 제자 염유에게 말했습니다.

"너는 그걸 제지할 수 없었느냐?"

염유가 대답했습니다.

"그럴 수가 없었습니다."

그러자 탄식하듯 공자께서 말씀하셨습니다.

"아아! 태산의 신이 임방보다도 못하다는 말인가?"

季氏旅於泰山(계씨여어태산). 子謂冉有曰(자위염유왈): "女不能救與(여불능구여)?" 對曰(대왈): "不能(불능)." 子曰(자왈): "嗚呼(오호)! 曾謂泰山不如林放乎(증위태산불여임방호)?"

3-7 군자의 모습

공자께서 말씀하셨습니다.

"군자는 다툴 일은 없으나, 꼭 다투어야 한다면 활쏘기일 겁니다. 절을 하고 겸손한 태도로 활 쏘는 자리에 오르고 내려와서는 벌주를 마시니 그런 다툼이야말로 군자다운 모습이랍니다."

子曰(자왈): "君子無所爭(군자무소쟁). 必也射乎(필야사호)! 揖讓而升(읍양이승), 下而飮(하이음). 其爭也君子(기쟁야군자)."

3-8 나를 일깨우는 자는 상이로구나!

제자 자하가 물었습니다.

"'어여쁜 미소에 팬 보조개, 아름다운 눈동자에 또렷한 눈을 그리고, 흰 바탕에 여러 가지 색깔을 칠했구나'라는 말은 무슨 뜻입니까?"

이에 공자께서 말씀하셨습니다.

"그림 그리는 일은 흰 바탕을 만든 이후의 일이란다."

자하가 다시 물었습니다.

"그럼 예는 인의 다음에 온다는 겁니까?"

그러자 공자께서 말씀하셨습니다.

"나를 일깨우는 자는 상(자하의 이름)이로구나! 내 비로소 너와 더불어 『시경(詩經)』을 이야기할 수 있게 되었구나."

子夏問曰(자하문왈): "'巧笑倩兮(교소천혜), 美目盼兮(미목반혜), 素以爲絢兮(소이위현혜).' 何謂也(하위야)?" 子曰(자왈): "繪事後素(회사후소)." 曰(왈): "禮後乎(예후호)?" 子曰(자왈): "起予者商也(기여자상야)! 始可與言詩已矣(시가여언시이의)."

3-9 문헌이 충족된다면 나는 고증할 수 있을 것입니다

공자께서 말씀하셨습니다.

"하나라의 예에 대해서는 내가 말할 수 있지만, 그 뒤를 이은 기나라의 예는 고증하기엔 부족하고, 은나라의 예에 대해서는 내가 말할 수 있지만 그 뒤를 이은 송나라의 예는 고증하기엔 부족합니다. 문헌이 부족하기 때문이니 충족된다면 나는 그걸 고증할 수 있을 겁니다."

子曰(자왈): "夏禮吾能言之(하례오능언지), 杞不足徵也(기부족징야), 殷禮吾能言之(은례오능언지), 宋不足徵也(송부족징야). 文獻不足故也(문헌부족고야). 足則吾能徵之矣(족즉오능징지의)."

3-10 관례 이후의 일은 내가 보고 싶지는 않답니다

공자께서 말씀하셨습니다.

"천자가 조상에게 지내는 체(禘) 제사를 지낼 때 술을 따르는 의식인 관례(灌禮) 이후의 일은 내가 보고 싶지는 않답니다."

子曰(자왈): "禘自旣灌而往者(체자기관이왕자), 吾不欲觀之矣(오불욕관지의)."

3-11 난 알지 못한답니다

어떤 사람이 체 제사의 도리에 대해서 물었습니다. 이에 공자께서 말씀하셨습니다.

"난 알지 못한답니다. 그 도리를 아는 자라면 천하 세상을 다스리는 일이 마치 물건을 여기에 두는 것과 같을 것이오!"

그러고는 자신의 손바닥을 가리켰습니다.

或問禘之說(혹문체지설). 子曰(자왈): "不知也(부지야), 知其說者之於天下也(지기설자지어천하야), 其如示諸斯乎(기여시저사호)!"指其掌(지기장).

3-12 제사를 지내지 않은 것과 같답니다

공자께서 제사를 지낼 때는 조상이 마치 살아 계신 듯이 하였고, 신에게 제사를 지낼 때는 마치 신이 거기 계신 듯이 하였습니다. 공자께서 말씀하셨습니다.

"내가 직접 제사에 참여하지 않으면, 제사를 지내지 않은 것과 같답니다."

祭如在(제여재), 祭神如神在(제신여신재). 子曰(자왈): "吾不與祭(오불여제), 如不祭(여불제)."

3-13 하늘에 죄를 지으면 빌 곳이 없답니다

위나라의 대부 왕손가가 물었습니다.

"안방 신에게 아첨하느니 차라리 부뚜막 신에게 아양을 떠는 게 낫다는 말은 무슨 의미입니까?"

이에 공자께서 말씀하셨습니다.

"그렇지 않습니다. 하늘에 죄를 지으면 빌 곳이 없답니다."

王孫賈問曰(왕손가문왈): "與其媚於娛(여기미어오), 寧媚於竈(녕미어조), 何謂也(하위야)?"子曰(자왈): "不然(불연), 獲罪於天(획죄어천), 無所禱也(무소도야)."

3-14 나는 주나라를 따르겠습니다

공자께서 말씀하셨습니다.

"주나라는 하(夏)와 은(殷)나라의 두 왕조를 거울로 삼았으니, 융성하고도 융성합니다. 그 문물제도가 말입니다! 나는 주나라를 따르겠습니다."

子曰(자왈):"周監於二代(주감어이대), 郁郁乎文哉(욱욱호문재)! 吾從周(오종주)."

3-15 매사를 묻는 이것이 곧 예입니다

공자께서 태조의 사당인 태묘에 들어가서는 모든 일에 대해 물었습니다. 그러자 어떤 사람이 말했습니다.

"어느 누가 추(공자의 고향) 땅 사람의 아들이 예를 안다고 말했는가? 태묘에 들어서서는 사사건건 묻는구나."

공자께서 그 말을 듣고는 말씀하셨습니다.

"매사를 묻는 이것이 곧 예랍니다."

子入太廟(자입태묘), 每事問(매사문). 或曰(혹왈):"孰謂鄹人之子知禮乎(숙위추인지자지례호)? 入太廟(입태묘), 每事問(매사문)." 子聞之曰(자문지왈):"是禮也(시례야)."

3-16 이것이 바로 옛날의 도리랍니다

공자께서 말씀하셨습니다.

"활을 쏠 때 가죽으로 된 과녁을 맞히는 것을 주된 목표로 삼지 않는 것은 쏘는 사람마다 힘쓰는 것이 같지 않기 때문인데, 이것이 바로 옛날의 도리랍니다."

子曰(자왈): "射不主皮(사부주피), 爲力不同科(위력부동과), 古之
道也(고지도야)."

3-17 나는 그 예(禮)를 아까워한다

자공이 매달 초하루에 희생양을 바치던 곡삭제(告朔祭)에 쓰던
희생양을 더 이상 쓰지 않으려 했습니다. 공자께서 말씀하셨습니
다.

"사야! 너는 그 양을 아까워하지만, 나는 그 예(禮)를 아까워한단
다."

子貢欲去告朔之餼羊(자공욕거곡삭지희양). 子曰(자왈): "賜也(사
야)! 爾愛其羊(이애기양), 我愛其禮(아애기례)."

3-18 사람들은 그걸 아첨한다고 생각합니다

공자께서 말씀하셨습니다.

"임금을 섬기는 일에 예를 다하는데, 사람들은 그걸 아첨한다고
생각합니다."

子曰(자왈): "事君盡禮(사군진례), 人以爲諂也(인이위첨야)."

3-19 임금은 예로써 신하를 부리고

노나라 임금 정공이 물었습니다.

"임금이 신하를 부리고 신하가 임금을 섬기는 일은 어떻게 해야
만 합니까?"

이에 공자께서 대답하셨습니다.

"임금은 예로써 신하를 부리고, 신하는 충심으로써 임금을 섬기게 해야 합니다."

定公問(정공문), "君使臣(군사신), 臣事君(신사군), 如之何(여지하)?" 孔子對曰(공자대왈): "君使臣以禮(군사신이례), 臣事君以忠(사군이충)."

3-20 즐겁지만 음란하지 않고
공자께서 말씀하셨습니다.

"『시경(詩經)』의 관저편은 즐겁지만 음란하지 않고, 슬프지만 상심에 빠지게 하지는 않습니다."

子曰(자왈): "關雎(관저), 樂而不淫(낙이불음), 哀而不傷(애이불상)."

3-21 끝마친 일은 따지지 않으며
애공이 재아에게 토지신인 사(社)의 위패로 쓸 나무에 대해 물었습니다. 이에 재아가 대답했습니다.

"하후씨는 소나무를 썼고, 은나라 사람들은 잣나무를 썼으며, 주나라 사람들은 밤나무를 썼는데 백성들로 하여금 전율케 하려는 뜻이라고 합니다."

공자께서 이 말을 듣고 말씀하셨습니다.

"이루어진 일은 이야기하지 않고, 끝마친 일은 따지지 않으며, 이미 지나간 일은 허물을 탓하지 않는답니다."

哀公問社於宰我(애공문사어재아). 宰我對曰(재아대왈):"夏后氏
以松(하후씨이송), 殷人以栢(은인이백), 周人以栗(주인이율), 曰(왈):
使民戰栗(사민전율)." 子聞之曰(자문지왈):"成事不說(성사불설),
遂事不諫(수사불간), 旣往不咎(기왕불구)."

3-22 관중의 그릇은 작구나

공자께서 말씀하셨습니다.

"관중의 그릇은 참으로 작았습니다!"

어떤 사람이 공자께 물었습니다.

"관중은 검소했습니까?"

이에 공자께서 말씀하셨습니다.

"관중은 세 명의 여자를 두었고, 관청의 일은 섭정하지도 않았으
니 어찌 검소하다고 할 수 있겠습니까?"

그러자 어떤 사람이 공자에게 물었습니다.

"그렇다면 관중은 예를 알았습니까?"

공자께서 말씀했습니다.

"한 나라의 군주라야 시선을 가리는 색문(塞門)을 세우는 법인데
관중 역시 색문을 세웠답니다. 나라의 군주라야 두 나라 군주의 우
호를 위해 흙더미와 비슷한 술잔을 올려두는 반점(反坫)을 설치하
는데도 관중 역시 반점을 설치했습니다. 관중이 예를 알았다고 한
다면, 누군들 예를 몰랐다고 하겠습니까?"

子曰(자왈):"管仲之器小哉(관중지기소재)!"或曰(혹왈),"管仲儉
乎(관중검호)?"曰(왈):"管氏有三歸(관씨유삼귀), 官事不攝(관사불

섭), 焉得儉(언득검)?" "然則管仲知禮乎(연즉관중지례호)?" 曰(왈): "邦君樹塞門(방군수색문), 管氏亦樹塞門(관씨역수색문). 邦君爲兩君之好(방군위양군지호), 有反坫(유반점), 管氏亦有反坫(관씨역유반점). 管氏而知禮(관씨이지례), 孰不知禮(숙부지례)?"

3-23 음악이라는 것

공자께서 노나라의 음악을 관장하는 관리인 태사에게 음악에 대해 말씀하셨습니다.

"음악이란 그 연주과정을 알 수 있는 것이니, 연주가 시작될 때는 소리가 합해지고 계속되면서 맑은 소리를 내는 듯하고, 음이 분명하고 끊어지지 않는 듯하면서 한 곡이 완성되는 것이랍니다."

子語魯大師樂(자어노태사악), 曰(왈): "樂其可知也(악기가지야), 始作(시작), 翕如也(흡여야), 從之(종지), 純如也(순여야), 皦如也(교여야), 繹如也(역여야), 以成(이성)."

3-24 세상의 목탁으로 삼다

의라는 고을의 봉수를 관리하는 봉인(封人)이 공자를 뵙기를 청하면서 말했습니다.

"군자가 이곳에 오시면 제가 일찍부터 뵙지 않은 적이 없었습니다."

공자를 모시던 제자들이 스승을 만나 뵙도록 하였습니다. 그는 공자를 뵙고 나와서 말했습니다.

"여러분들은 어찌하여 관직을 잃는 것을 걱정하십니까? 천하 세상에 도가 없어진 지 오래되었으므로 하늘은 공자님을 세상의 목탁으로 삼으실 겁니다."

儀封人請見(의봉인청견), 曰(왈): "君子之至於斯也(군자지지어사야), 吾未嘗不得見也(오미상부득견야)." 從者見之(종자현지). 出曰(출왈): "二三子何患於喪乎(이삼자하환어상호)? 天下之無道也久矣(천하지무도야구의), 天將以夫子爲木鐸(천장이부자위목탁)."

3-25 지극히 선하지는 않구나

공자께서 순임금 때 음악인 소(韶)를 일러 말씀하셨습니다.

"지극히 아름답고, 또 지극히 선하구나."

또 주나라 무왕 때의 음악인 무에 대해서도 말씀하셨습니다.

"지극히 아름답지만 지극히 선하지는 않구나."

子謂韶(자위소), "盡美矣(진미의), 又盡善也(우진선야)." 謂武(위무), "盡美矣(진미의), 未盡善也(미진선야)."

3-26 관대하지도 않고 공경하지도 않는 사람

공자께서 말씀하셨습니다.

"윗자리에 있으면서 관대하지 않고, 예를 행하면서 공경하지도 않고, 상을 당하여 슬퍼하지 않는다면, 내가 어찌 그러한 사람을 볼 수 있겠습니까?"

子曰(자왈): "居上不寬(거상불관), 爲禮不敬(위례불경), 臨喪不哀(임상불애), 吾何以觀之哉(오하이관지재)?"

제 ④ 편

이인
里仁

• • •

4-1 어찌 지혜를 얻었다고 하겠습니까?

공자께서 말씀하셨습니다.

"마을이 어진 것은 아름다운 일입니다. 스스로 선택하여 인(仁)한 사람들이 사는 곳에 살지 못한다면, 어찌 지혜를 얻었다고 하겠습니까?"

子曰(자왈): "里仁爲美(이인위미). 擇不處仁(택불처인), 焉得知(언득지)?"

4-2 어진 사람은 인(仁)을 편안하게 여깁니다

공자께서 말씀하셨습니다.

"어질지 못한 사람은 오랫동안 가난에 머물지 못하고, 오랫동안 즐거움에 머물지 못합니다. 어진 사람은 인(仁)을 편안하게 여기고, 지혜로운 사람은 인을 이롭게 여깁니다."

子曰(자왈): "不仁者不可以久處約(불인자불가이구처약), 不可以 長處樂(불가이장처락). 仁者安仁(인자안인), 知者利仁(지자리인)."

4-3 어진 사람만이 남을 좋아할 수도 미워할 수도

공자께서 말씀하셨습니다.

"어진 사람만이 남을 좋아할 수 있고, 남을 미워할 수도 있습니다."

子曰(자왈): "唯仁者能好人(유인자능호인), 能惡人(능오인)."

4-4 인(仁)에 뜻을 두면

공자께서 말씀하셨습니다.

"진실로 인(仁)에 뜻을 두면 나쁜 짓을 하지 않습니다."

子曰(자왈): "苟志於仁矣(구지어인의), 無惡也(무악야)."

4-5 부유함과 귀함

공자께서 말씀하셨습니다.

"부유함과 귀함은 사람들이 바라는 것이지만 그것이 도리에 맞게 얻은 것이 아니라면 그곳에 머물러서는 안 됩니다. 가난함과 천함은 사람들이 싫어하는 것이지만 그것이 도리에 맞지 않게 처해졌더라도 벗어나려 해서는 안 됩니다. 군자가 인을 버리고서 어떻게 명성을 얻겠습니까? 군자는 밥을 먹는 사이에도 인을 어기지 않고, 다급할 때도 반드시 인에 근거하며, 곤궁에 빠질 때도 반드시 인에 근거한답니다."

子曰(자왈): "富與貴(부여귀), 是人之所欲也(시인지소욕야), 不以其道得之(불이기도득지), 不處也(불처야). 貧與賤(빈여천), 是人之所惡也(시인지소오야), 不以其道得之(불이기도득지), 不去也(불거야). 君子去仁(군자거인), 惡乎成名(오호성명)? 君子無終食之間違仁(군자무종식지간위인), 造次必於是(조차필어시), 顚沛必於是(전패필어시)."

4-6 나는 아직 그러한 사람을 보지 못했답니다

공자께서 말씀하셨습니다.

"나는 아직 인(仁)을 좋아하는 사람과 인하지 못한 것을 미워하는 사람을 보지 못했습니다. 인을 좋아하는 사람은 자랑할 필요가 없지만 인하지 못한 것을 미워하는 사람은 인을 실천할 때 어질지 못한 것이 자신에게 영향을 미치지 않도록 해야 합니다. 하루라도 자신의 힘을 온전하게 인에 쓸 사람이 있겠습니까? 나는 아직 힘이 부족해 그러한 사람을 보지 못했습니다. 아마도 그러한 사람이 있겠지만, 나는 아직 그러한 사람을 보지 못했답니다."

子曰(자왈): "我未見好仁者(아미견호인자), 惡不仁者(오불인자). 好仁者(호인자), 無以尙之(무이상지), 惡不仁者(오불인자), 其爲仁矣(기위인의), 不使不仁者加乎其身(불사불인자가호기신). 有能一日用其力於仁矣乎(유능일일용기력어인의호)? 我未見力不足者(아미견력부족자). 蓋有之矣(개유지의), 我未之見也(아미지견야)."

4-7 허물을 관찰해 보면

공자께서 말씀하셨습니다.

"사람의 허물은 각자가 속한 무리를 따르게 됩니다. 허물을 관찰해 보면 인한지를 알 수 있습니다."

子曰(자왈): "人之過也(인지과야), 各於其黨(각어기당). 觀過(관과), 斯知仁矣(사지인의)."

4-8 아침에 도를 들으면

공자께서 말씀하셨습니다.

"아침에 도를 들으면 저녁에 죽어도 좋습니다."

子曰(자왈): "朝聞道(조문도), 夕死可矣(석사가의)."

4-9 허름한 옷과 나쁜 음식을 부끄러워한다면

공자께서 말씀하셨습니다.

"선비가 도에 뜻을 두면서 허름한 옷과 나쁜 음식을 부끄러워한다면 그와는 더불어 논의할 수 없습니다."

子曰(자왈): "士志於道(사지어도), 而恥惡衣惡食者(이치악의악식자), 未足與議也(미족여의야)."

4-10 의로움만 따를 뿐

공자께서 말씀하셨습니다.

"군자는 천하 세상에서 해야 할 일도 없고 해서는 안 될 일도 없으며, 의로움만 따를 뿐이랍니다."

子曰(자왈): "君子之於天下也(군자지어천하야), 無適也(무적야), 無莫也(무막야), 義之與比(의지여비)."

4-11 군자와 소인

공자께서 말씀하셨습니다.

"군자는 덕을 가슴에 품고, 소인은 땅만 생각합니다. 군자는 형벌을 가슴에 품고, 소인은 은혜로움만 생각한답니다."

子曰(자왈): "君子懷德(군자회덕), 小人懷土(소인회토), 君子懷刑 (군자회형), 小人懷惠(소인회혜)."

4-12 이익에 따라 행동하면

공자께서 말씀하셨습니다.

"이익에 따라 행동하면 원한이 많아지게 됩니다."

子曰(자왈): "放於利而行(방어리이행), 多怨(다원)."

4-13 예와 겸양으로 나라를 다스릴 수 없다면

공자께서 말씀하셨습니다.

"예와 겸양으로 나라를 다스릴 수 있다면 어떤 어려움이 있겠습니까? 예와 겸양으로 나라를 다스릴 수 없다면, 예가 무슨 소용이 있겠습니까?"

子曰(자왈): "能以禮讓爲國乎(능이례양위국호)? 何有(하유)? 不能 以禮讓爲國(불능이례양위국), 如禮何(여례하)?"

4-14 다른 사람이 알아줄 수 있도록 능력을 길러야

공자께서 말씀하셨습니다.

"지위가 없음을 걱정하지 말고, 지위에 맞는 능력이 있는지 걱정해야 합니다. 자기를 알아주는 사람이 없음을 걱정하지 말고, 다른 사람이 알아줄 수 있도록 능력을 길러야 합니다."

子曰(자왈): "不患無位(불환무위), 患所以立(환소이립). 不患莫己知(불환막기지), 求爲可知也(구위가지야)."

4-15 충심과 용서

공자께서 말씀하셨습니다.

"증삼아! 나는 하나로 도를 꿰뚫는단다."

그러자 증자가 말했습니다.

"맞는 말씀입니다."

공자께서 나가시자 제자들이 물었습니다.

"무엇을 말씀하신 겁니까?"

이에 증자가 말했습니다.

"스승님의 도는 충심과 용서일 뿐이라네."

子曰(자왈): "參乎(삼호)! 吾道一以貫之(오도일이관지)." 曾子曰(증자왈): "唯(유)." 子出(자출), 門人問曰(문인문왈): "何謂也(하위야)?" 曾子曰(증자왈): "夫子之道(부자지도), 忠恕而已矣(충서이이의)."

4-16 군자는 의리에 반성해야

공자께서 말씀하셨습니다.

"군자는 의리에 밝고, 소인은 이익에 밝습니다."

子曰(자왈): "君子喩於義(군자유어의), 小人喩於利(소인유어리)."

4-17 내심 스스로를 반성해야

공자께서 말씀하셨습니다.

"어진 사람을 보면 그와 같아질까를 생각하고, 어질지 못한 이를 보면 내심 스스로를 반성해야 합니다."

子曰(자왈): "見賢思齊焉(견현사제언), 見不賢而內自省也(견불현이내자성야)."

4-18 부모님을 원망해서는 안 됩니다

공자께서 말씀하셨습니다.

"부모를 섬길 때는 공손하게 간언하고, 자신의 뜻을 따르지 않더라도 또한 공경하여 거스르지 않아야 하며, 힘들더라도 부모님을 원망해서는 안 됩니다."

子曰(자왈): "事父母幾諫(사부모기간), 見志不從(견지부종), 又敬不違(우경불위), 勞而不怨(노이불원)."

4-19 반드시 가는 곳을 알려야

공자께서 말씀하셨습니다.

"부모님이 살아 계실 때는 멀리 놀러가지 말고, 놀러가려면 반드시 가는 곳을 알려야 합니다."

子曰(자왈): "父母在(부모재), 不遠遊(불원유), 遊必有方(유필유방)."

4-20 효도

공자께서 말씀하셨습니다.

"돌아가신 후 3년 동안 아버지께서 행한 도리를 바꾸지 않으면 효도라고 말할 수 있을 겁니다."

子曰(자왈): "三年無改於父之道(삼년무개어부지도), 可謂孝矣(기위효의)."

4-21 오래 사시는 것이 기쁘고

공자께서 말씀하셨습니다.

"부모님의 연세를 알지 못하면 안 됩니다. 한편으로는 오래 사시는 것이 기쁘고, 한편으로는 쇠약해지는 것이 두렵기 때문입니다."

子曰(자왈): "父母之年(부모지년), 不可不知也(불가부지야). 一則以喜(일즉이희), 一則以懼(일즉이구)."

4-22 말을 입 밖으로 내지 않는 것은

공자께서 말씀하셨습니다.

"옛날 사람들이 말을 입 밖으로 내지 않는 것은 몸이 말을 뒤따라갈 수 없을까 부끄러워했기 때문이랍니다."

子曰(자왈): "古者言之不出(고자언지불출), 恥躬之不逮也(치궁지불체야)."

4-23 스스로를 단속하면

공자께서 말씀하셨습니다.

"스스로를 단속하면 실수하는 자는 드뭅니다."

子曰(자왈): "以約失之者鮮矣(이약실지자선의)."

4-24 군자의 말과 행동

공자께서 말씀하셨습니다.

"군자는 말하는 것에는 어눌하고, 행동하는 것에는 민첩하답니다."

子曰(자왈): "君子欲訥於言而敏於行(군자욕눌어언이민어행)."

4-25 반드시 이웃이 있다

공자께서 말씀하셨습니다.

"덕 있는 사람은 외롭지 않고, 반드시 이웃이 있습니다."

子曰(자왈): "德不孤(덕불고), 必有鄰(필유린)."

4-26 군주와 벗에게 하는 간언

자유가 말했습니다.

"군주를 섬기는 데 간언을 자주하면 모욕을 당하게 되고, 벗들에게 간언을 자주 일삼으면 소원해질 겁니다."

子游曰(자유왈): "事君數(사군삭), 斯辱矣(사욕의), 朋友數(붕우삭), 斯疏矣(사소의)."

공야장
公冶長

• • •

5-1 공야장에게 딸을 시집보내다

공자께서 공야장에 대해 말씀하셨습니다.

"딸을 시집보낼 만합니다. 비록 포승줄에 묶인 채 감옥 안에 있었으나 그의 죄는 아니었습니다."

그리고 공자는 딸을 그에게 시집보냈습니다.

子謂公冶長(자위공야장), "可妻也(가처야). 雖在縲絏之中(수재류설지중), 非其罪也(비기죄야)." 以其子妻之(이기자처지).

5-2 남용에게 형의 딸을 시집보내다

공자께서 남용에 대해 말씀하셨습니다.

"나라에 도가 있으면 그는 버려지지 않을 것이며, 나라에 도가 없으면 그는 형벌로 죽임은 면할 겁니다."

그러고는 형의 딸을 그에게 시집보냈습니다.

子謂南容(자위남용), "邦有道(방유도), 不廢(불폐), 邦無道(방무
도), 免於刑戮(면어형륙)." 以其兄之子妻之(이기형지자처지).

5-3 노나라에 군자가 없었다면

공자께서 노나라 사람 자천에 대해 말씀하셨습니다.

"군자이십니다, 이러한 사람은! 노나라에 군자가 없었다면, 그가
어디에서 이러한 덕을 갖게 되었겠습니까?"

子謂子賤(자위자천), "君子哉若人(군자재약인)! 魯無君子者(노무
군자자), 斯焉取斯(사언취사)?"

5-4 어떤 그릇입니까?

자공이 여쭈었습니다.

"저는 어떻습니까?"

공자께서 말씀하셨습니다.

"너는 그릇이니라."

자공이 다시 여쭈었습니다.

"어떤 그릇입니까?"

공자께서 말씀하셨습니다.

"호련(瑚璉, 종묘 제사 때 기장을 담는 귀중한 그릇)이란다."

子貢問曰(자공문왈): "賜也何如(사야하여)?" 子曰(자왈): "女器也
(여기야)." 曰(왈): "何器也(하기야)?" 曰(왈): "瑚璉也(호련야)."

5-5 말재주를 어디에 쓰겠습니까?

어떤 사람이 말했습니다.

"염옹은 어질기는 하지만 말재주가 없습니다."

이에 공자께서 말씀하셨습니다.

"말재주를 어디에 쓰겠습니까? 말재주로 사람을 대하면 자주 사람들에게 미움을 받게 됩니다. 그가 어진지는 모르겠으나 말재주를 어디에 쓰겠습니까?"

或曰(혹왈): "雍也仁而不佞(옹야인이불녕)." 子曰(자왈): "焉用佞(언용녕)? 禦人以口給(어인이구급), 屢憎於人(누증어인). 不知其仁(부지기인), 焉用佞(언용녕)?"

5-6 공자께서 기뻐하셨습니다

공자께서 제자 칠조개에게 벼슬길에 나아가라고 하셨습니다. 그가 대답했습니다.

"제가 그러한 일을 할 수 있는지 확신이 안 섭니다."

그 말을 들은 공자께서 기뻐하셨습니다.

子使漆彫開仕(자사칠조개사). 對曰(대왈): "吾斯之未能信(오사지미능신)." 子說(자열).

5-7 재주는 취할 것이 없구나

공자께서 말씀하셨습니다.

"도가 행해지지 않으니 뗏목을 타고 바다를 떠다니련다. 나를 따라올 자는 아마도 유(자로)겠지?"

자로가 그 말을 듣고 기뻐했습니다. 그러자 공자께서 말씀하셨습니다.

"유는 용기 있는 행동을 하는 덴 나를 능가하지만, 재주는 취할 것이 없구나."

子曰(자왈): "道不行(도불행), 乘桴浮于海(승부부우해). 從我者其由與(종아자기유여)?" 子路聞之喜(자로문지희). 子曰(자왈): "由也好勇過我(유야호용과아), 無所取材(무소취재)."

5-8 자로가 인(仁)한지는 모르겠습니다

노나라의 대부 맹무백이 물었습니다.

"자로는 인(仁)합니까?"

공자께서 대답하셨습니다.

"모르겠습니다."

맹무백이 다시 묻자 공자께서 대답하셨습니다.

"유(자로)는 천 대의 수레를 보유한 나라에서 세금을 관리하는 일을 시킬 수는 있으나, 그가 인한지는 모르겠습니다."

"염구는 어떻습니까?"

공자께서 대답하셨습니다.

"염구는 천 가구의 읍이나 백 대의 수레를 보유한 집안에서 우두머리 직책으로 삼을 수는 있겠지만 그가 인한지는 모르겠습니다."

"그렇다면 적(자화)은 어떻습니까?"

공자께서 대답하셨습니다.

"적은 허리띠를 묶어 의관을 갖추고 조정에 세워 빈객을 접대할 수 있을 정도이나, 그가 인한지는 모르겠습니다."

孟武伯問(맹무백문): "子路仁乎(자로인호)?" 子曰(자왈): "不知也
(부지야)." 又問(우문). 子曰(자왈): "由也(유야), 千乘之國(천승지국),
可使治其賦也(가사치기부야), 不知其仁也(부지기인야)." "求也何
如(구야하여)?" 子曰(자왈): "求也(구야), 千室之邑(천실지읍), 百乘
之家(백승지가), 可使爲之宰也(가사위지재야), 不知其仁也(부지기인
야)." "赤也何如(적야하여)?" 子曰(자왈): "赤也(적야), 束帶立於朝
(속대립어조), 可使與賓客言也(가사여빈객언야), 不知其仁也(부지기
인야)."

5-9 안회는 하나를 들으면 열을 알고

공자께서 제자 자공에게 말씀하셨습니다.

"너와 안회 중에 누가 더 낫느냐?"

자공이 대답했습니다.

"제가 어찌 감히 안회를 바라보겠습니까? 안회는 하나를 들으면
열을 알고, 저는 하나를 들으면 둘을 아는 정도입니다."

공자께 말씀하셨습니다.

"그보다는 못하지. 나는 네가 그만 못하다고 생각한단다."

子謂子貢曰(자위자공왈): "女與回也孰愈(여여회야숙유)?" 對曰
(대왈): "賜也何敢望回(사야하감망회)? 回也聞一以知十(회야문일이
지십), 賜也聞一以知二(사야문일이지이)." 子曰(자왈): "弗如也(불여
야), 吾與女弗如也(오여여불여야)."

5-10 재여 덕분에 이를 고치게 되었구나

제자 재여가 낮잠을 잤습니다. 이를 본 공자께서 말씀하셨습니다.

"썩은 나무로는 조각할 수 없고, 더러운 흙으로 쌓은 담장에는 흙손질을 할 수 없단다. 내가 너에게 무슨 벌을 줄 수 있겠느냐?"

다시 공자께서 말씀하셨습니다.

"처음 나는 사람을 대할 때 그의 말을 듣고 그의 행동을 믿게 되었는데, 지금 나는 사람을 대할 때 그의 말을 듣고도 그의 행동을 관찰한다. 나는 재여 덕분에 이를 고치게 되었구나."

宰予晝寢(재여주침). 子曰(자왈): "朽木不可雕也(후목불가조야), 糞土之牆不可朽也(분토지장불가오야), 於予與何誅(어여여하주)?"
子曰(자왈): "始吾於人也(시오어인야), 聽其言而信其行(청기언이신기행), 今吾於人也(금오어인야), 聽其言而觀其行(청기언이관기행). 於予與改是(어여여개시)."

5-11 어찌 강하다고 할 수 있겠습니까?

공자께서 말씀하셨습니다.

"나는 아직 강한 자를 보지 못했답니다."

어떤 사람이 대답했습니다.

"신정이 있습니다."

이에 공자께서 말씀하셨습니다.

"신정은 욕심만 있으니 어찌 강하다고 할 수 있겠습니까?"

子曰(자왈): "吾未見剛者(오미견강자)." 或對曰(혹대왈): "申棖(신정)." 子曰(자왈): "棖也慾(근야욕), 焉得剛(어득강)?"

5-12 네가 취급할 것이 아니다

자공이 말했습니다.

"저는 다른 사람이 나에게 하지 않았으면 하는 것을, 저 또한 다른 사람에게 하지 않으려고 합니다."

공자께서 말씀하셨습니다.

"사야, 그러한 일은 네가 할 수 있는 것이 아니란다."

子貢曰(자공왈): "我不欲人之加諸我也(아불욕인지가저아야), 吾亦欲無加諸人(오역욕무가저인)." 子曰(자왈): "賜也(사야), 非爾所及也(비이소급야)."

5-13 본성과 천도는 얻어 들을 수 없습니다

자공이 말했습니다.

"스승님의 문장은 얻어 들을 수 있지만, 스승님께서 말씀하신 본성과 천도는 얻어 들을 수 없습니다."

子貢曰(자공왈): "夫子之文章(부자지문장), 可得而聞也(가득이문야), 夫子之言性與天道(부자지언성여천도), 不可得而聞也(불가득이문야)."

5-14 들은 것을 실행하기

자로는 어떤 내용을 들으면 미처 그것을 실천하지 못하면서, 또 다른 것을 듣게 될까 두려워 했습니다.

子路有聞(자로유문), 未之能行(미지능행), 唯恐有聞(유공유문).

5-15 불치하문

자공이 공자에게 물었습니다.

"공문자(위나라 대부)는 어찌 시호에 '문(文)'을 넣어 부르는 겁니까?"

공자께서 말씀하셨습니다.

"그는 영민하면서도 배우기를 좋아하고, 아랫사람에게 묻는 것을 부끄러워하지 않았단다. 이 때문에 시호에 '문(文)'을 넣어 부르게 된 것이란다."

子貢問曰(자공문왈): "孔文子何以謂之文也(공문자하이위지문야)?" 子曰(자왈): "敏而好學(민이호학), 不恥下問(불치하문), 是以謂之文也(시이위지문야)."

5-16 자산은 군자의 도 네 가지를 갖추었으니

공자께서 정나라 재상 자산에 대해 말씀하셨습니다.

"그는 군자의 도 네 가지를 갖추고 있었으니, 행동할 때는 공손하였고,, 윗사람을 섬길 때는 공경하였으며, 백성을 기를 때는 은혜로웠고, 백성을 부릴 때는 정의로웠습니다."

子謂子産(자위자산), "有君子之道四焉(유군자지도사언), 其行己也恭(기행기야공), 其事上也敬(기사상야경), 其養民也惠(기양민야혜), 其使民也義(기사민야의)."

5-17 안평중의 좋은 평판

공자께서 말씀하셨습니다.

"제나라 재상을 지낸 안평중은 사람들과 사귐을 잘하여, 오랜 시간이 지나도 사람들이 그를 공경하였답니다."

子曰(자왈): "晏平仲善與人交(안평중선여인교), 久而敬之(구이경지)."

5-18 분수를 넘은 장문중

공자께서 말씀하셨습니다.

"노나라의 대부 장문중은 채(蔡, 점치는 거북을 넣어 두는 집)를 지으면서, 분수에 맞지 않게 기둥머리에는 산(山)을 조각해 넣고, 작은 기둥에는 풀을 그려 넣었으니, 어찌 그를 지혜롭다고 하겠습니까?"

子曰(자왈): "臧文仲居蔡(장문중거채), 山節藻梲(산절조절), 何如其知也(여하기지야)?

5-19 어찌 인(仁)을 얻었다고 하겠느냐?

제자 자장이 물었습니다.

"영윤(재상) 자문은 세 번이나 벼슬길에 나아가 영윤이 되었는데도 기뻐하는 기색이 없었고, 세 번이나 벼슬을 그만두었는데도 싫어하는 기색이 없었습니다. 옛 영윤의 정사를 반드시 새 영윤에게 알려주어야 했습니다. 그는 어떠했습니까?"

공자께서 말씀하셨습니다.

"충성스러웠단다."

다시 자장이 물었습니다.

"어질었습니까?"

공자께서 대답했습니다.

"알지 못하겠구나. 어찌 인(仁)을 얻었다고 하겠느냐?"

자장이 또 묻습니다.

"대부 최자가 제나라 임금을 시해하자, 대부 진문자는 말 사십 마리를 소유하고 있었으나 이를 버리고 그곳을 떠났습니다. 다른 나라에 이르러서 말하기를 '우리나라 대부 최자와 같다'고 말하곤 그곳을 떠났습니다. 또 다른 나라에 가서 말하기를 '우리나라 대부 최자와 같다'라고 말하곤 그곳을 떠났습니다. 그는 어떻습니까?"

공자께서 말씀하셨습니다.

"깨끗하구나."

자장이 다시 물었습니다.

"인(仁)합니까?"

공자께서 말씀하셨습니다.

"알지 못하겠구나. 그렇다고 어찌 인이라 하겠느냐?"

子張問曰(자장문왈): "令尹子文三仕爲令尹(영윤자문삼사위영윤), 無喜色(무희색), 三已之(삼이지), 無慍色(무온색). 舊令尹之政(구영윤지정), 必以告新令尹(필이고신영윤). 何如(하여)?"

子曰(자왈): "忠矣(충의)." 曰(왈): "仁矣乎(인의호)?" 曰(왈): "未知(미지), 焉得仁(언득인)?" "崔子弑齊君(최자시제군), 陳文子有馬十乘(진문자유마십승), 棄而違之(기이위지). 至於他邦(지어타방), 則曰(즉왈): '猶吾大夫崔子也(유오대부최자야).' 違之(위지). 之一邦(지일방), 則又曰(즉우왈): '猶吾大夫崔子也(유오대부최자야).' 違之(위

지). 何如(하여)?"子曰(자왈): "淸矣(청의)." 曰(왈): "仁矣乎(인의
호)?" 曰(왈): "未知(미지), 焉得仁(언득인)?"

5-20 두 번이면 괜찮겠구나

계문자는 세 번 생각한 다음에야 행동했습니다. 공자께서 이 말
을 듣고는 말씀하셨습니다.

"두 번이면 괜찮겠구나."

季文子三思而後行(계문자삼사이후행). 子聞之曰(자문지왈): "再
(재), 斯可矣(사가의)."

5-21 영무자의 지혜와 어리석음

공자께서 말씀하셨습니다.

"영무자(위나라 대부)는 나라에 도가 있으면 지혜로웠고, 나라에
도가 없으면 어리석은 척했습니다. 그의 지혜로움은 따라갈 수 있
지만, 그의 어리석음은 따라갈 수가 없답니다."

子曰(자왈): "甯武子(영무자), 邦有道則知(방유도즉지), 邦無道則
愚(방무도즉우). 其知可及也(기지가급야), 其愚不可及也(기우불가급
야)."

5-22 다듬는 방법을 모르는구나

공자께서 진나라에 계실 때 말씀하셨습니다.

"되돌아가자! 되돌아가자! 이 마을 젊은이들의 뜻은 크나 실천
이 뒤따르지 않고, 빛나는 문장을 갖추었으나 그것을 다듬는 방법

을 모르는구나."

子在陳曰(자재진왈): "歸與(귀여)! 歸與(귀여)! 吾黨之小子狂簡
(오당지소자광간), 斐然成章(비연성장), 不知所以裁之(부지소이재지)."

5-23 원망하는 일도 드물었습니다
공자께서 말씀하셨습니다.

"백이와 숙제는 옛 원한을 마음에 두지 않았답니다. 그러니 이
때문에 원망하는 일도 드물었습니다."

子曰(자왈): "伯夷叔齊不念舊惡(백이숙제불념구악), 怨是用希(원
시용희)."

5-24 미생고가 정직하다고
공자께서 말씀하셨습니다.

"누가 미생고가 정직하다고 합니까? 어떤 사람이 식초를 빌리러
갔더니, 이웃집에서 빌려다가 그 사람에게 주었습니다."

子曰(자왈): "孰謂微生高直(숙위미생고직)? 或乞醯焉(혹걸혜언),
乞諸其鄰而與之(걸저기린이여지)."

5-25 교언영색
공자께서 말씀하셨습니다.

"듣기 좋은 말과 꾸민 얼굴빛, 지나친 공손함은 좌구명(노나라 학
자)이 부끄러워하는 것이고, 나 역시 부끄럽게 여기는 겁니다. 원망
을 감추고 그 사람과 사귀는 것은 좌구명이 부끄러워했던 것이고,

나 또한 부끄러워하는 겁니다."

子曰(자왈):"巧言令色足恭(교언영색족공), 左丘明恥之(좌구명치
지), 丘亦恥之(구역치지). 匿怨而友其人(익원이우기인), 左丘明恥之
(좌구명치지), 丘亦恥之(구역치지)."

5-26 제자들의 포부

안연과 계로(자로)가 공자를 모시고 있을 때 공자께서 말씀하였
습니다.

"각자 너희의 포부를 말해 보거라."

자로가 말했습니다.

"수레와 말과 옷과 가벼운 가죽옷을 벗들과 함께 쓰다가 해지더
라도 서운한 감정이 없었으면 합니다."

안연이 말했습니다.

"제가 잘한 점을 자랑하지 않고 제 자신의 노고를 늘어놓지 않기
를 바랍니다."

그러자 자로가 말했습니다.

"스승님의 포부를 듣고자 합니다."

공자께서 말씀하셨습니다.

"노인들을 편안하게 해주고, 벗들에게 신뢰감을 주며, 젊은이들
을 품어주고자 한단다."

顔淵季路侍(안연계로시). 子曰(자왈):"盍各言爾志(합각언이지)?"
子路曰(자로왈):"願車馬衣輕裘(원차마의경구), 與朋友共(여붕우공),
敝之而無憾(폐지이무감)." 顔淵曰(안연왈):"願無伐善(원무벌선),

無施勞(무시로)." 子路曰(자로왈):"願聞子之志(원문자지지)." 子曰
(자왈):"老者安之(노자안지), 朋友信之(붕우신지), 少者懷之(소자회
지)."

5-26 자신을 꾸짖는 사람을 보지 못했답니다
공자께서 말씀하셨습니다.

"이미 끝나버렸습니다. 나는 아직 자신의 잘못을 보고서도 내심
으로 자신을 꾸짖는 사람을 보지 못했답니다."

子曰(자왈):"已矣乎(이의호), 吾未見能見其過而內自訟者也(오
미견능견기과이내자송자야)."

5-27 배우기를 좋아하는 사람
공자께서 말씀하셨습니다.

"열 가구의 고을에도 반드시 나처럼 성실함과 신의가 있는 자가
있겠지만, 나처럼 배우기를 좋아하는 사람은 없을 겁니다."

子曰(자왈):"十室之邑(십실지읍), 必有忠信如丘者焉(필유충신여
구자언), 不如丘之好學也(불여구지호학야)."

제

⬡ 6 ⬡

편

옹야
雍也

● ● ●

6-1 염옹의 인물됨

공자께서 말씀하셨습니다.

"염옹(冉雍, 중궁)은 임금(南面)을 시킬 만한 인물입니다."

子曰(자왈): "雍也可使南面(옹야가사남면)."

6-2 사는 모습이 경건하고 소탈

제자 중궁이 자상백자에 대해 묻자 공자께서 대답하셨습니다.

"좋긴 한데 지나치게 소탈하지."

중궁이 다시 물었습니다.

"사는 모습이 경건하고 소탈하게 행동하면서 자기 백성들을 대하는 게 또한 좋지 않겠습니까? 사는 모습이 소탈하고 행동도 소탈하면 너무 지나치게 소탈한 것 아닙니까?"

공자께 말씀하였습니다.

"옹(중궁의 이름)의 말이 옳구나."

仲弓問子桑伯子(중궁문자상백자). 子曰(자왈): "可也簡(가야간)."
仲弓曰(중궁왈): "居敬而行簡(거경이행간), 以臨其民(이림기민), 不
亦可乎(불역가호)? 居簡而行簡(거간이행간), 無乃大簡乎(무내대간
호)?" 子曰(자왈): "雍之言然(옹지언연)."

6-3 배우길 좋아한다는 자
노나라 임금인 애공이 물었습니다.

"제자들 중에 누가 학문을 좋아합니까?"

공자께서 대답하셨습니다.

"안회라는 제자가 학문을 좋아하고, 노여움을 남에게 옮기지도
않으며, 잘못을 거듭하지도 않는답니다. 그러나 불행하게도 목숨
이 짧아 죽었습니다. 지금은 그와 같은 자가 없으니, 배우길 좋아
한다는 자를 들어보지도 못했답니다."

哀公問(애공문), "弟子孰爲好學(제자숙위호학)?" 孔子對曰(공자
대왈): "有顔回者好學(유안회자호학), 不遷怒(불천노), 不貳過(불이
과). 不幸短命死矣(불행단명사의), 今也則亡(금야즉망), 未聞好學者
也(미문호학자야)."

6-4 부자에겐 더 보태주지는 않는다
자화(외교에 능한 공자의 제자)가 제나라에 사신으로 가게 되자, 염

자가 그의 어머니에게 줄 곡식을 청했습니다. 이에 공자께서 말씀하셨습니다.

"그에게 1부(釜, 여섯 말 넉 되)를 주거라."

그러자 염자가 더 줄 것을 요청했습니다. 이에 공자께서 말씀하셨습니다.

"그럼 1유(庾, 열여섯 말)를 주거라."

염자는 그에게 곡식 오병(秉, 여든 섬)을 주었습니다. 이를 지켜 본 공자께서 말씀하셨습니다.

"적(赤, 자화)이 제나라에 갈 적에 살찐 말을 타고 가벼운 가죽옷을 입었더구나. 내가 듣기론 '군자는 다급한 사람을 도와주지만, 부자에겐 더 보태주지는 않는다'고 하더구나."

子華使於齊(자화사어제), 冉子爲其母請粟(염자위기모청속). 子曰(자왈): "與之釜(여지부)." 請益(청익). 曰(왈): "與之庾(여지유)." 冉子與之粟五秉(염자여지속오병). 子曰(자왈): "赤之適齊也(적지적제야), 乘肥馬(승비마), 衣輕裘(의경구). 吾聞之也(오문지야), 君子周急不繼富(군자주급불계부)."

6-5 이웃 마을과 고을사람들에게 나눠 주거라

원사(자사)가 공자의 가신이 되어 그에게 900석의 곡식을 주었으나 사양하였습니다. 공자께서 말씀하셨습니다.

"사양하지 말거라. 네 이웃 마을과 고을사람들에게 나눠 주거라!"

原思爲之宰(원사위지재), 與之粟九百(여지속구백), 辭(사). 子曰

(자왈): "毋(무)! 以與爾鄰里鄕黨乎(이여이린리향당호)!"

6-6 제물로 쓰지 않으려 해도

공자께서 중궁에 대해 말씀하셨습니다.

"얼룩소의 새끼가 붉은색이고 또 뿔이 가지런하다면, 비록 제물로 쓰지 않으려 해도 산천의 신이 그걸 가만 내버려 두겠습니까?"

子謂仲弓曰(자위중궁왈): "犁牛之子(리우지자), 騂且角(성차각), 雖欲勿用(수욕물용), 山川其舍諸(산천기사저)?"

6-7 석 달 동안이나 인을 어기지 않은 안회

공자께서 말씀하셨습니다.

"안회는 자기의 마음에서 석 달 동안이나 인을 어기지 않았는데, 나머지 사람들은 하루나 한 달 정도만 인(仁)에 이를 뿐이랍니다."

子曰(자왈): "回也(회야), 其心三月不違仁(기심삼월불위인), 其餘則日月至焉而已矣(기여즉일월지언이이의)."

6-8 정치에 종사하는 데 어떤 문제가 있겠습니까?

노나라의 대부 계강자가 물었습니다.

"중유(자로)는 정치에 종사하게 할 수 있습니까?"

공자께서 대답하셨습니다.

"중유는 과단성이 있으니, 정치에 종사하는 데 어떤 문제가 있겠습니까?"

계강자가 또 물었습니다.

"사(자공)는 정치에 종사하게 할 수 있습니까?"

공자께서 대답하셨습니다.

"사는 사리에 밝은데, 정치에 종사하는 데 어떤 문제가 있겠습니까?"

계강자가 또다시 물었습니다.

"구(염유)는 정치에 종사하게 할 수 있습니까?"

공자께서 대답하셨습니다.

"구는 재능이 많은데, 정치에 종사하는 데 어떤 문제가 있겠습니까?"

季康子問(계강자문): "仲由可使從政也與(중유가사종정야여)?" 子曰(자왈): "由也果(유야과), 於從政乎何有(어종정호하유)?" 曰(왈): "賜也可使從政也與(사야가사종정야여)?" 曰(왈): "賜也達(사야달), 於從政乎何有(어종정호하유)?" 曰(왈): "求也可使從政也與(구야가사종정야여)?" 曰(왈): "求也藝(구야예), 於從政乎何有(어종정호하유)?"

6-9 사양하겠다는 저의 뜻을 잘 전해 주십시오

계씨가 민자건을 비읍의 우두머리로 삼으려 했습니다. 민자건이 말을 전하러 온 사신에게 말했습니다.

"사양하겠다는 저의 뜻을 잘 전해 주십시오. 만약 저를 다시 찾아온다면 저는 반드시 문수(汶水) 가로 달아나 있을 겁니다."

季氏使閔子騫爲費宰(계씨사민자건위비재). 閔子騫曰(민자건왈): "善爲我辭焉(선위아사언)! 如有復我者(여유부아자), 則吾必在汶上

矣(즉오필재문상의)."

6-10 이런 사람이 문둥병에 걸리다니!

백우가 문둥병인 나병에 걸리자, 공자께서 문병을 가 창문을 통해 그의 손을 잡고 말씀하셨습니다.

"죽을 운명이로구나! 이런 사람이 이러한 병에 걸리다니! 이런 사람이 이러한 병에 걸리다니!"

伯牛有疾(백우유질), 子問之(자문지), 自牖執其手(자유집기수), 曰(왈): "亡之(망지), 命矣夫(명의부)! 斯人也而有斯疾也(사인야이유사질야)! 斯人也而有斯疾也(사인야이유사질야)!"

6-11 현명하구나, 안회여!

공자께서 말씀하셨습니다.

"현명하구나, 안회여! 한 대광주리의 밥과 한 표주박의 마실 것을 가지고 누추한 골목에 살면서도, 다른 사람들은 그러한 근심을 견뎌내지 못하는데 안회는 그 즐거움을 바꾸려 하지 않으니, 현명하구나, 안회여!"

子曰(자왈): "賢哉(현재), 回也(회야)! 一簞食(일단식), 一瓢飮(일표음), 在陋巷(재누항), 人不堪其憂(인불감기우), 回也不改其樂(회야불개기락). 賢哉(현재), 回也(회야)!"

6-12 지금 너는 미리 선을 그어 한계를 짓고 있구나

제자 염구가 말했습니다.

"스승님의 도를 기뻐하지 않는 게 아니라 제 능력이 부족합니다."

공자께서 말씀하셨습니다.

"능력이 부족한 사람이라면 중도에서 그만둔단다. 지금 너는 미리 선을 그어 한계를 짓고 있구나."

冉求曰(염구왈): "非不說子之道(비불열자지도), 力不足也(역부족야)." 子曰(자왈): "力不足者(역부족자), 中道而廢(중도이폐). 今女畫(금여화)."

6-13 군자다운 유학자가 되어야지

공자께서 자하에게 말씀하셨습니다.

"너는 군자다운 유학자가 되어야지, 소인과도 같은 유학자는 되지 말아야 하느니라."

子謂子夏曰(자위자하왈): "女爲君子儒(여위군자유)! 無爲小人儒(무위소인유)!"

6-14 길을 다닐 땐 지름길로 다니지 않고

자유가 무성(武城, 노나라의 성읍)의 우두머리가 되었습니다. 공자께서 말씀하셨습니다.

"너는 사람을 얻었느냐?"

자유가 대답했습니다.

"담대멸명이란 자가 있는데, 길을 다닐 땐 지름길로 다니지 않고, 공적인 일이 아니면 저의 집에 온 적이 없답니다."

子游爲武城宰(자유위무성재). 子曰(자왈): "女得人焉耳乎(여득
인언이호)?"曰(왈): "有澹臺滅明者(유담대멸명자), 行不由徑(행불유
경), 非公事(비공사), 未嘗至於偃之室也(미상지어언지실야)."

6-15 뒤처지려 했던 게 아니라

공자께서 말씀하셨습니다.

"맹지반(노나라의 대부)은 스스로를 자랑하지 않았는데, 군대가 도
망갈 때는 후방을 막곤 하였고. 성문으로 되돌아 들어올 때는 자기
의 말을 채찍질하면서 말했습니다. '감히 뒤처지려 했던 게 아니라
말이 앞서 나아가지 않았답니다'."

子曰(자왈): "孟之反不伐(맹지반불벌), 奔而殿(분이전), 將入門(장
입문), 策其馬曰(책기마왈): '非敢後也(비감후야), 馬不進也(마부진
야).'"

6-16 송조(宋朝) 같은 미모를 갖지 못했다면

공자께서 말씀하셨습니다.

"종묘의 제사를 관장하는 축타(祝鮀)와 같은 말재간이 없거나 송
조(宋朝) 같은 미모를 갖지 못했다면, 지금 세상에서 재난을 면하기
는 어렵겠습니다."

子曰(자왈): "不有祝鮀之佞(불유축타지녕), 而有宋朝之美(이유송
조지미), 難乎免於今之世矣(난호면어금지세의)."

6-17 누가 문을 통하지 않고 나갈 수 있을까요?

공자께서 말씀하셨습니다.

"누가 문을 통하지 않고 나갈 수 있을까요? 어찌하여 이러한 도를 따르려 하지 않을까요?"

子曰(자왈): "誰能出不由戶(수능출불유호)? 何莫由斯道也(하막유사도야)?"

6-18 꾸밈과 바탕이 조화를 이룬 연후에야

공자께서 말씀하셨습니다.

"바탕이 꾸밈을 이기면 촌스럽고, 꾸밈이 바탕을 이기면 겉치레입니다. 꾸밈과 바탕이 조화를 이룬 연후에야 군자라 할 수 있을 겁니다."

子曰(자왈): "質勝文則野(질승문즉야), 文勝質則史(문승질즉사). 文質彬彬(문질빈빈), 然後君子(연후군자)."

6-19 요행으로 화를 면하는 것

공자께서 말씀하셨습니다.

"사람이 살아갈 수 있는 것은 정직함 때문이니, 올곧지 않은 방법으로 살아가는 것은 요행으로 화를 면하는 것이랍니다."

子曰(자왈): "人之生也直(인지생야직), 罔之生也幸而免(망지생야행이면)."

6-20 아는 것은 그것을 좋아하는 것만 못하고

공자께서 말씀하셨습니다.

"아는 것은 그것을 좋아하는 것만 못하고, 좋아하는 것은 그것을 즐기는 것만 못하답니다."

子曰(자왈): "知之者不如好之者(지지자불여호지자), 好之者不如樂之者(호지자불여락지자)."

6-21 높은 수준의 것을 말할 수 있는 사람

공자께서 말씀하셨습니다.

"중간 이상의 사람과는 높은 수준의 것을 말할 수 있지만, 중간 이하의 사람과는 높은 수준의 것을 말할 수 없습니다."

子曰(자왈): "中人以上(중인이상), 可以語上也(가이어상야), 中人以下(중인이하), 不可以語上也(불가이어상야)."

6-22 어진 사람은 어려운 것을 먼저 하고

번지가 지혜에 대하여 물었습니다. 공자께서 말씀하셨습니다.

"백성들의 의무에 대해 힘쓰고, 귀신을 공경하되 멀리한다면 지혜롭다고 할 수 있을 겁니다."

다시 인(仁)에 대해 묻자 공자께서 말씀하셨습니다.

"어진 사람은 어려운 것을 먼저 하고 이익을 거두어들이는 것을 뒤로 하는데, 이래야 인이라고 말할 수 있답니다."

樊遲問知(번지문지). 子曰(자왈): "務民之義(무민지의), 敬鬼神而遠之(경귀신이원지), 可謂知矣(가위지의)." 問仁(문인), 曰(왈): "仁者

先難而後獲(인자선난이후획), 可謂仁矣(가위인의)."

6-23 요산요수

공자께서 말씀하셨습니다.

"지혜로운 사람은 물을 좋아하고, 어진 사람은 산을 좋아합니다. 지혜로운 사람은 동적이고, 어진 사람은 정적입니다. 지혜로운 사람은 즐거워하고, 어진 사람은 오래 살 수 있습니다."

子曰(자왈): "知者樂水(지자요수), 仁者樂山(인자요산). 知者動(지자동), 仁者靜(인자정). 知者樂(지자락), 仁者壽(인자수)."

6-24 제나라와 노나라가 변하면

공자께서 말씀하셨습니다.

"제나라가 한 번 변하면 노나라에 이르고, 노나라가 한 번 변하면 도에 이르게 될 겁니다."

子曰(자왈): "齊一變(제일변), 至於魯(지어노), 魯一變(노일변), 至於道(지어도)."

6-25 고(觚)가 고답지 않으니

공자께서 말씀하셨습니다.

"고(觚, 모나고 모서리가 없는 술잔)가 고답지 않으니, 고이겠는가! 고이겠는가!"

子曰(자왈): "觚不觚(고불고), 觚哉(고재)! 觚哉(고재)!"

6-26 어찌하여 그렇게 할 수 있겠느냐?

재아가 물었습니다.

"어진 사람은, 누군가 그에게 '우물에 어진 사람이 있다'고 알려 주면 그 우물 속으로 따라 들어가야 합니까?"

공자께서 말씀하셨습니다.

"어찌하여 그렇게 할 수 있겠느냐? 군자라면 가버리게 할 순 있지만 우물에 빠지게 할 순 없고, 속일 수는 있지만 얽어들게 할 수는 없단다."

宰我問曰(재아문왈): "仁者(인자), 雖告之曰(수고지왈), '井有仁焉(정유인언).' 其從之也(기종지야)?" 子曰(자왈): "何爲其然也(하위기연야)? 君子可逝也(군자가서야), 不可陷也(불가함야), 可欺也(가기야), 不可罔也(불가망야)."

6-27 군자가 학문을 널리 배우고

공자께서 말씀하셨습니다.

"군자가 학문을 널리 배우고, 예로써 단속한다면, 또한 도리에는 어긋나진 않을 겁니다."

子曰(자왈): "君子博學於文(군자박학어문), 約之以禮(약지이례), 亦可以弗畔矣夫(역가이불반의부)!"

6-28 하늘이 날 싫어할 거야!

공자께서 남자(南子, 간통녀로 소문난 위나라 영공의 부인)를 만나자 자로는 기뻐하지 않았습니다. 공자께서 얼굴빛을 거두며 말씀하셨습니다.

"내가 부당한 짓을 하였다면, 하늘이 날 싫어할 거야! 하늘이 날 싫어할 거야!"

子見南子(자견남자), 子路不說(자로불열). 夫子矢之曰(부자시지왈): "予所否者(여소부자), 天厭之(천염지)! 天厭之(천염지)!"

6-29 백성들 중에 중용을 지닌 자

공자께서 말씀하셨습니다.

"중용이 사람들의 덕이 된 것은 지극한 일입니다. 그런데 백성들 중에 지닌 이가 드문 지 오래되었습니다."

子曰(자왈): "中庸之爲德也(중용지위덕야), 其至矣乎(기지의호)! 民鮮久矣(민선구의)."

6-30 그건 반드시 성스러운 일일 게야!

자공이 여쭈었습니다.

"만약 백성들이 널리 은덕을 베풀어 많은 사람들을 구제할 수 있다면 어떻습니까? 그것을 어질다고 할 수 있을까요?"

공자께서 말씀하셨습니다.

"어찌 어진 일이라고만 할 수 있겠느냐! 그건 반드시 성스러운 일일 게야! 요임금과 순임금께서도 그렇게 하지 못한 걸 병폐로 여겼을 거야! 어진 사람은 자기가 서고자 하면 남을 일으켜주고, 자기가 통달하고자 하면 남을 통달하게 한단다. 가까운 데서 그러한 예를 찾을 수 있다면 그것이 바로 인의 실천 방법이라고 할 수 있을 게야."

　子貢曰(자공왈): "如有博施於民而能濟衆(여유박시어민이능제중), 何如(하여)? 可謂仁乎(가위인호)?" 子曰(자왈): "何事於仁(하사어인)! 必也聖乎(필야성호)! 堯舜其猶病諸(요순기유병저)! 夫仁者(부인자), 己欲立而立人(기욕립이립인), 己欲達而達人(기욕달이달인). 能近取譬(능근취비), 可謂仁之方也已(가위인지방야이)."

술이
述而

• • •

7-1 술이부작

공자께서 말씀하셨습니다.

"옛 경전을 서술은 하되 새로 짓지는 않고, 옛것을 믿고 좋아하니, 남몰래 나를 상나라의 노팽(老彭)과 비교해 봅니다."

子曰(자왈):"述而不作(술이부작), 信而好古(신이호고), 竊比於我老彭(절비어아노팽)."

7-2 배우는 데 싫증내지 않고

공자께서 말씀하셨습니다.

"묵묵히 알아가며, 배우는 데 싫증내지 않고, 남을 가르치는 데 게을리 하지 않는 것, 내가 이 세 가지를 행하는데 어찌 어려움이 있겠습니까?"

子曰(자왈): "黙而識之(묵이식지), 學而不厭(학이불염), 誨人不倦
(회인불권), 何有於我哉(하유어아재)?"

7-3 이것이 바로 나의 걱정거리

공자께서 말씀하셨습니다.

"덕을 닦지 못한 것, 배운 것을 익히지 못한 것, 의로운 것을 듣
고서도 옮아가지 않는 것, 좋지 못한 것을 고치지 못한 것, 이것이
바로 나의 걱정거리랍니다."

子曰(자왈): "德之不脩(덕지불수), 學之不講(학지불강), 聞義不能
徙(문의불능사), 不善不能改(불선불능개), 是吾憂也(시오우야)."

7-4 한가로운 공자의 모습

공자께서 한가로이 계실 때는 용모가 편안하셨고 겉모습도 편안
하셨습니다.

子之燕居(자지연거), 申申如也(신신여야), 夭夭如也(요요여야).

7-5 나의 노쇠함이여!

공자께서 말씀하셨습니다.

"심해졌습니다, 나의 노쇠함이 말입니다! 내 더 이상 꿈속에서
주공을 못 뵌 지가 오래되었습니다!"

子曰(자왈): "甚矣吾衰也(심의오쇠야)! 久矣吾不復夢見周公(구
의오불부몽견주공)!"

7-6 도에 뜻을 두고

공자께서 말씀하셨습니다.

"도에 뜻을 두고, 덕에 근거하며, 인에 의거하고, 예에서 노닐어
야 합니다."

子曰(자왈): "志於道(지어도), 據於德(거어덕), 依於仁(의어인), 遊
於藝(유어예)."

7-7 육포 한 묶음 이상을 가져오면

공자께서 말씀하셨습니다.

"스스로 말린 고기 한 묶음 이상을 가져오면, 나는 결코 가르쳐
주지 않은 적이 없었습니다."

子曰(자왈): "自行束脩以上(자행속수이상), 吾未嘗無誨焉(오미상
무회언)."

7-8 배울 때 분발하지 않으면

공자께서 말씀하셨습니다.

"배울 때 분발하지 않으면 가르쳐주지 않고, 애태우지 않으면 펼
치도록 말해 주지 않습니다. 한 귀퉁이를 들어 보였을 때 다른 세
귀퉁이로 반응하지 않으면 더 이상 반복해서 가르치지 않습니다."

子曰(자왈): "不憤不啓(불분불계), 不悱不發(불비불발). 擧一隅(거
일우), 不以三隅反(불이삼우반), 則不復也(즉불부야)."

7-9 배부르게 먹은 적이 없었습니다

공자께서는 상을 당한 사람 곁에서 식사를 하실 때는, 결코 배부르게 먹은 적이 없었습니다.

子食於有喪者之側(자식어유상자지측), 未嘗飽也(미상포야).

7-10 노래는 부르지 않았습니다

공자께서는 이런 날 곡을 하시면 노래는 부르지 않았습니다.

子於是日哭(자어시일곡), 則不歌(즉불가).

7-11 내가 함께할 사람은

공자께서 제자 안연에게 말씀하셨습니다.

"등용되면 나아가고 버려지면 숨는 것, 오직 나와 너만이 이렇게 할 수 있을 게야."

자로가 여쭈었습니다.

"스승님께서 삼군(三軍)을 거느리신다면 누구와 함께하시겠습니까?"

공자께서 말씀하셨습니다.

"맨손으로 호랑이를 잡으려 하고 맨몸으로 강물을 건너려다 죽어도 후회하지 않을 사람이라면, 나는 그러한 사람과는 함께하지 않을 게야. 내가 함께할 사람은 반드시 일에 임해서는 두려워할 줄 알고 계획을 잘 도모하여 성공하는 그런 사람이란다."

子謂顔淵曰(자위안연왈): "用之則行(용지즉행), 舍之則藏(사지즉장), 唯我與爾有是夫(유아여이유시부)!" 子路曰(자로왈): "子行三軍

(자행삼군), 則誰與(즉수여)?"子曰(자왈):"暴虎馮河(폭호빙하), 死而
無悔者(사이무회자), 吾不與也(오불여야). 必也臨事而懼(필야임사이
구), 好謀而成者也(호모이성자야)."

7-12 부를 구할 수 있다면
공자께서 말씀하셨습니다.

"부를 구할 수 있다면, 비록 채찍을 들고 길을 가는 마부노릇이
라 할지라도 나 또한 그렇게 할 겁니다. 만일 구할 수 없는 것이라
면 내가 좋아하는 일을 따를 겁니다."

子曰(자왈):"富而可求也(부이가구야), 雖執鞭之士(수집편지사),
吾亦爲之(오역위지). 如不可求(여불가구), 從吾所好(종오소호)."

7-13 공자께서 신중하게 여긴 것
공자께서 신중하게 여긴 것은 재계와 전쟁과 질병이었습니다.

子之所愼(자지소신), 齋(재), 戰(전), 疾(질).

7-14 음악을 만든 것이 이런 경지에 이를 줄은
공자께서 제나라에 계실 때 소(韶, 순임금의 음악)를 들으시고, 석
달 동안 고기 맛을 알지 못하자 말씀하셨습니다.

"음악을 만든 것이 이런 경지에 이를 줄은 생각하지도 못했답니
다."

子在齊聞韶(자재제문소), 三月不知肉味(삼월부지육미), 曰(왈):
"不圖爲樂之至於斯也(불도위악지지어사야)."

7-15 스승님께선 벼슬을 하지 않으실 겁니다

염유가 말했습니다.

"스승님께선 위나라 임금을 위해 벼슬을 하실까요?"

자공이 말했습니다.

"좋습니다. 제가 여쭤보도록 하지요."

그러고는 방으로 들어가 여쭈었습니다.

"백이와 숙제는 어떤 사람입니까?"

공자께서 말씀하셨습니다.

"옛날의 현인이시니라."

"원망했습니까?"

"인을 추구하여 인을 얻었는데 또 무엇을 원망했겠느냐?"

자공이 방을 나와서 말했습니다.

"스승님께선 위나라에서 벼슬을 하지 않으실 겁니다."

冉有曰(염유왈): "夫子爲衛君乎(부자위위군호)?" 子貢曰(자공왈): "諾(낙), 吾將問之(오장문지)." 入曰(입왈): "伯夷叔齊何人也(백이숙제하인야)?" 曰(왈): "古之賢人也(고지현인야). 曰(왈): "怨乎(원호)?" 曰(왈): "求仁而得仁(구인이득인), 又何怨(우하원)? 出曰(출왈): "夫子不爲也(부자불위야)."

7-16 나에겐 뜬구름 같은 것

공자께서 말씀하셨습니다.

"거친 밥을 먹고 물을 마시며, 팔을 굽혀 베개로 삼고 누우면 즐거움 또한 그 가운데 있습니다. 의롭지 못하면서 부유하고 또 존귀하게 되는 것은, 나에겐 뜬구름 같은 겁니다."

子曰(자왈): "飯疏食飮水(반소사음수), 曲肱而枕之(곡굉이침지), 樂亦在其中矣(낙역재기중의). 不義而富且貴(불의이부차귀), 於我如浮雲(어아여부운)."

7-17 큰 허물은 없게 할 것

공자께서 말씀하셨습니다.

"나에게 몇 년을 더 보태주어 50세가 될 때까지 역학(易學)을 배우게 된다면 큰 허물은 없게 할 겁니다."

子曰(자왈): "加我數年(가아수년), 五十以學易(오십이학역), 可以無大過矣(가이무대과의)."

7-18 표준말로 삼으셨습니다

공자께서 아언(雅言, 표준말)으로 삼으신 것은 『시경(詩經)』, 『서경(書經)』이었습니다. 또한 예를 지키실 때도 표준말로 삼으셨습니다.

子所雅言(자소아언), 詩書(시서). 執禮(집례), 皆雅言也(개아언야).

7-19 내 너에게 말하지 않았느냐!

초나라의 대부 섭공(葉公)이 자로에게 공자에 대해 물었는데, 자로는 대답하지 않았습니다. 공자께서 말씀하셨습니다.

"너는 어찌하여 대답하지 않았느냐. 그분의 사람됨은 울분이 일어나면 먹는 것도 잊어버리고, 도를 즐기며 근심걱정을 잊고, 늙음이 다가오는 것마저도 알지 못한다고 내 너에게 말하지 않았느나!"

葉公問孔子於子路(섭공문공자어자로), 子路不對(자로부대). 子曰
(자왈): "女奚不曰(여해불왈): 其爲人也(기위인야), 發憤忘食(발분망
식), 樂以忘憂(낙이망우), 不知老之將至云爾(부지노지장지운이)."

7-20 옛것을 좋아하고
공자께서 말씀하셨습니다.

"나는 태어나면서부터 세상의 이치를 아는 사람이 아니라, 옛것
을 좋아하고 부지런히 아는 것을 추구한 사람이랍니다."

子曰(자왈): "我非生而知之者(아비생이지지자), 好古敏以求之者
也(호고민이구지자야)."

7-21 괴력난신
공자께서는 괴이한 일, 위세 부리는 일, 어지럽히는 일, 귀신에
관한 일에 대해서는 말씀하지 않았습니다.

子不語怪力亂神(자불어괴력난신).

7-22 세 사람이 길을 가면
공자께서 말씀하셨습니다.

"세 사람이 길을 가면 그 가운데 반드시 나의 스승이 있답니다.
그 가운데 좋은 것을 선택해서 그것을 따르고 좋지 않은 것은 가려
내서 그 점을 고쳐야 합니다."

子曰(자왈): "三人行(삼인행), 必有我師焉(필유아사언). 擇其善者

而從之(택기선자이종지), 其不善者而改之(기불선자이개지)."

7-23 하늘이 나에게 덕을 주셨는데

공자께서 말씀하셨습니다.

"하늘이 나에게 덕을 주셨는데, 환퇴(桓魋, 공자께서 송나라에서 강의할 때 나무를 넘어뜨리게 한 자) 같은 자가 나를 어떻게 하겠습니까?"

子曰(자왈): "天生德於予(천생덕어여), 桓魋其如予何(환퇴기여여하)?"

7-24 이것이 바로 나 공구란다

공자께서 제자들에게 말씀하셨습니다.

"너희는 내가 숨기는 게 있다고 생각하느냐? 나는 너희에게 숨기는 게 없단다. 나는 어떤 일을 행하면서 너희와 함께하지 않은 게 없으니, 이것이 바로 나 공구란다."

子曰(자왈): "二三子以我爲隱乎(이삼자이아위은호)? 吾無隱乎爾(오무은호이). 吾無行而不與二三子者(오무행이불여이삼자자), 是丘也(시구야)."

7-25 네 가지 가르치신 것

공자께서는 네 가지를 가르치셨으니 학문, 덕행, 충심, 신의였답니다.

子以四敎(자이사교), 文(문), 行(행), 忠(충), 信(신).

7-26 곤궁하면서도 잘 사는 척하니

공자께서 말씀하셨습니다.

"성인을 내가 만나 뵙지 못한다면 군자라도 만나 뵐 수 있다면, 그것만으로도 좋겠습니다."

공자께서 말씀하셨습니다.

"선한 사람을 내가 만나 보지 못했으니 한결 같은 사람을 만나 볼 수 있다면 그것만으로도 좋겠습니다. 없으면서도 있는 척하고, 텅 비어 있으면서도 가득 차 있는 척하며, 곤궁하면서도 잘 사는 척하니, 어렵습니다. 한결같음을 지닌다는 것이 말입니다!"

子曰(자왈): "聖人(성인), 吾不得而見之矣(오부득이견지의), 得見君子者(득견군자자), 斯可矣(사가의)." 子曰(자왈): "善人(선인), 吾不得而見之矣(오부득이견지의), 得見有恆者(득견유긍자), 斯可矣(사가의). 亡而爲有(망이위유), 虛而爲盈(허이위영), 約而爲泰(약이위태), 難乎有恆矣(난호유긍의)."

7-27 낚시질은 하여도

공자께서는 낚시질은 하여도 그물질은 하지 않았고, 주살질은 하여도 둥지에 잠든 새는 쏘지 않았답니다.

子釣而不網(자조이불망), 弋不射宿(익불사숙).

7-28 좋은 것을 선택하여 따르고

공자께서 말씀하셨습니다.

"알지 못하면서도 새로이 창작하는 자가 있겠지만, 나는 그러한

적이 없습니다. 많이 듣고 그 가운데 좋은 것을 선택하여 따르고,
많이 보고서 그것을 알아채면 아는 것에 버금가는 일일 겁니다."

子曰(자왈): "蓋有不知而作之者(개유부지이작지자), 我無是也(아
무시야). 多聞(다문), 擇其善者而從之(택기선자이종지), 多見而識之
(다견이식지), 知之次也(지지차야)."

7-29 진보하려는 자와는 함께하고

호향(互鄕)이라는 마을 사람들과는 더불어 말하기가 어려웠는데,
그곳의 어린아이가 공자를 뵈러 오자, 문하생들이 의아하게 여겼
습니다.

공자께서 말씀하셨습니다.

"진보하려는 자와는 함께하고, 퇴보하려는 자와 함께하지 않는
것이 무엇이 지나치단 말입니까? 사람이 자신을 깨끗이 하여 나아
가면, 우리는 그 깨끗함과 함께하면 되는 것이지, 지난 일을 물고
늘어져서는 아니 되는 일입니다."

互鄕難與言(호향난여언), 童子見(동자현), 門人惑(문인혹). 子曰
(자왈): "與其進也(여기진야), 不與其退也(불여기퇴야), 唯何甚(유하
심)? 人潔己以進(인결기이진), 與其潔也(여기결야), 不保其往也(불
보기왕야)."

7-30 인(仁)이 멀리 있는 겁니까?

공자께서 말씀하셨습니다.

"인(仁)이 멀리 있는 겁니까? 내가 인을 행하려 하면 인이 나에게

다가오는 겁니다."

子曰(자왈): "仁遠乎哉(인원호재)? 我欲仁(아욕인), 斯仁至矣(사
인지의)."

7-31 나 공구는 행운이 있구나

진나라의 사패(법을 관장하는 벼슬아치)가 물었습니다.

"노나라의 소공(昭公)은 예를 아시는 분입니까?"

공자께서 말씀하셨습니다.

"예를 아시는 분이랍니다."

공자께서 물러나시자, 제자 무마기가 절을 하고서 앞으로 나아
가며 말했습니다.

"제가 들기론 군자는 편을 가르지 않는다고 했는데, 군자도 편을
가릅니까? 노나라 임금이 오 씨를 아내로 맞이했는데, 성이 같아서
그녀를 오맹자라고 불렀습니다. 이러한 임금이 예를 안다면 어느
누가 예를 모르겠습니까?"

무마기가 그 말을 알려주자, 공자께서 말씀하셨습니다.

"나 공구는 행운이 있구나. 만약 나에게 허물이 있으면 남들이
반드시 알려준단다."

陳司敗問昭公知禮乎(진사패문소공지례호)? 孔子曰(공자왈): "知
禮(지례)." 孔子退(공자퇴), 揖巫馬期而進之(읍무마기이진지), 曰
(왈): "吾聞君子不黨(오문군자불당), 君子亦黨乎(군자역당호)? 君取
於嗚爲同姓(군취어오위동성), 謂之嗚孟子(위지오맹자). 君而知禮(군
이지례), 孰不知禮(숙불지례)?"巫馬期以告(무마기이고). 子曰(자왈):

"丘也幸(구야행), 苟有過(구유과), 人必知之(인필지지)."

7-32 노래를 잘하면 다시 한 번 하도록 하고
공자께서는 다른 사람과 함께 노래를 하다가 그 사람이 잘하면, 반드시 다시 한 번 하도록 하고 나서야 따라 불렀답니다.

子與人歌而善(자여인가이선), 必使反之(필사반지), 而後和之(이후화지).

7-33 나는 아직 터득하지 못했습니다
공자께서 말씀하셨습니다.

"학문에 있어서는 내가 다른 사람과 같을지는 모르겠으나, 군자의 도를 몸소 실행함에 있어서는 나는 아직 터득하지 못했습니다."

子曰(자왈): "文莫吾猶人也(문막오유인야). 躬行君子(궁행군자), 則吾未之有得(즉오미지유득)."

7-34 제자들로서는 배울 수 없는 것이랍니다
공자께서 제자 공서화에게 말씀하셨습니다.

"성스러움과 인 같은 걸 내가 어떻게 감당하겠느냐? 하지만 그런 것들을 추구하는 데 싫증내지 않고, 다른 사람을 가르치는 걸 게을리 하지 않는다고 너에게 말할 수 있을 뿐이란다."

공서화가 말했습니다.

"그 점이 바로 저희 제자들로서는 배울 수 없는 것이랍니다."

子曰(자왈): "若聖與仁(약성여인), 則吾豈敢(즉오개감)? 抑爲之

不厭(염위지불염), 誨人不倦(회인불권), 則可謂云爾已矣(즉가위운이이의)." 公西華曰(공서화왈): "正唯弟子不能學也(정유제자불능학야)."

7-35 기도를 올린 지 오래되었구나

공자께서 중병이 나시자 자로가 기도할 것을 요청했습니다. 그러자 공자께서 말씀하셨습니다.

"그러한 적이 있었느냐?"

자로가 대답했습니다.

"있습니다. 조문하는 글에 '너를 위해 하늘과 땅의 신에게 기도하노라'라고 하셨습니다."

공자께서 말씀하셨습니다.

"나 공구는 그러한 기도를 올린 지 오래되었구나."

子疾病(자질병), 子路請禱(자로청도). 子曰(자왈): "有諸(유저)?" 子路對曰(자로대왈): "有(유지), 誄曰(뢰왈): '禱爾于上下神祇(도이우상하신기).'" 子曰(자왈): "丘之禱久矣(구지도구의)."

7-36 사치스러우면 불손해지고

공자께서 말씀하셨습니다.

"사치스러우면 불손해지고, 검소하게 되면 고루해진답니다. 그러니 불손하기보다는 차라리 고루해져야 할 겁니다."

子曰(자왈): "奢則不孫(사즉불손), 儉則固(검즉고). 與其不孫也(여기불손야), 寧固(영고)."

7-37 군자는 평탄하여 여유롭고

공자께서 말씀하셨습니다.

"군자는 평탄하여 여유롭고, 소인은 늘 걱정에 휩싸여 있답니다."

子曰(자왈): "君子坦蕩蕩(군자탄탕탕), 小人長戚戚(소인장척척)."

7-38 공손하면서도 편안하셨습니다

공자께서는 온화하면서도 엄숙하셨고, 위엄이 있으면서도 사납지 않으셨으며, 공손하면서도 편안하셨습니다.

子溫而厲(자온이려), 威而不猛(위이불맹), 恭而安(공이안).

태백
泰伯

• • •

8-1 지극한 덕을 지닌 태백

공자께서 말씀하셨습니다.

"태백(주나라 태왕의 맏아들)은 지극한 덕을 지녔다고 말할 만합니다. 세 번이나 천하를 동생에게 양보했는데, 백성들은 그 덕을 칭송할 방법이 없었습니다."

子曰(자왈): "泰伯(태백), 其可謂至德也已矣(기가위지덕야이의). 三以天下讓(삼이천하양), 民無得而稱焉(민무득이칭언)."

8-2 예가 없으면

공자께서 말씀하셨습니다.

"공손하면서도 예가 없으면 수고롭고, 신중하면서도 예가 없으면 두려워하며, 용감하면서도 예가 없으면 문란해지고, 정직하면서도 예가 없으면 무언가에 목매달게 됩니다. 군자가 부모에게 돈독한 감정을 지니게 되면 백성들 사이에 인(仁)이 흥할 것이고, 옛 친구를 버리지 않으면 백성들이 각박해지진 않는답니다."

子曰(자왈): "恭而無禮則勞(공이무례즉로), 愼而無禮則蔥(신이무례즉사), 勇而無禮則亂(용이무례즉란), 直而無禮則絞(직이무례즉교). 君子篤於親(군자독어친), 則民興於仁(즉민흥어인), 故舊不遺(고구불유), 則民不偸(즉민불투)."

8-3 전전긍긍

증자가 병이 나자 문하의 제자를 불러 말했습니다.

"내 발을 펴봐라! 내 손을 펼쳐 보거라!『시경』에 '두려워하고 조심하기를, 깊은 연못가에 있는 것처럼, 살얼음 위를 걷는 것처럼 하라'고 했는데, 이제야 내가 죽음의 걱정에서 벗어나게 되었음을 알겠구나! 제자들이여!"

曾子有疾(증자유질), 召門弟子曰(소문제자왈): "啓予足(계여족)! 啓予手(계여수)! 詩云(시운), '戰戰兢兢(전전긍긍), 如臨深淵(여림심연), 如履薄氷(여리박빙).' 而今而後(이금이후), 吾知免夫(오지면부)! 小子(소자)!"

8-4 군자가 도보다 소중히 여기는 세 가지

증자가 병에 걸리자, 맹경자(孟敬子, 노나라의 대부)가 문병을 왔습니다. 증자가 말했습니다.

"새가 죽으려 할 때는 그 울음소리가 구슬프고, 사람이 죽으려 할 때는 그 말이 선합니다. 군자가 도보다 소중히 여기는 것으로 세 가지가 있습니다. 몸을 움직일 때 그 용모에는 조급함과 게으름을 멀리하고, 얼굴빛을 바로잡을 때는 신뢰를 가까이 하며, 말을 할 때는 비속하거나 도리에 어긋나는 것을 멀리합니다. 제기를 다루는 소소한 일은 그 일을 주관하는 유사(有司)가 맡으면 됩니다."

曾子有疾(증자유질), 孟敬子問之(맹경자문지). 曾子言曰(증자언왈):"鳥之將死(조지장사), 其鳴也哀(기명야애), 人之將死(인지장사), 其言也善(기언야선). 君子所貴乎道者三(군자소귀호도자삼), 動容貌(동용모), 斯遠暴慢矣(사원폭만의), 正顔色(정안색), 斯近信矣(사근신의), 出辭氣(출사기), 斯遠鄙倍矣(사원비패의). 籩豆之事(변두지사), 則有司存(즉유사존)."

8-5 예전에 일찍부터 나의 벗은

증자가 말했습니다.

"잘하면서도 잘하지 못하는 사람에게 묻고, 많이 알면서도 덜 아는 사람에게 물으며, 있으면서도 없는 듯이 행동하고, 가득 차 있으면서도 빈 듯이 처신하며, 다른 사람이 나를 속일지라도 잘잘못을 따지지 않으니, 예전에 일찍부터 나의 벗은 이렇게 실천했답니다."

曾子曰(증자왈):"以能問於不能(이능문어불능), 以多問於寡(이다문어과), 有若無(유약무), 實若虛(실약허), 犯而不校(범이불교), 昔者吾友嘗從事於斯矣(석자오우상종사어사의)."

8-6 군자다운 사람일 겁니다

증자가 말했습니다.

"키가 여섯 자인 어린 고아에게도 맡길 수 있고, 백 리 정도 되는 작은 나라의 운명을 맡길 수 있으며, 나라의 중대한 일을 처리할 때 빼앗지 않을 수 있다면, 군자다운 사람일 겁니다, 군자다운 사람일 겁니다."

曾子曰(증자왈): "可以託六尺之孤(가이탁육척지고), 可以寄百里之命(가이기백리지명), 臨大節而不可奪也(임대절이불가탈야), 君子人與(군자인여), 君子人也(군자인야)."

8-7 또한 갈 길이 멀지 않겠습니까?

증자가 말했습니다.

"선비란 뜻이 크고 강인하지 않으면 안 될 것이니, 임무는 무겁고 길은 멀기 때문입니다. 인을 자기의 임무로 삼고 있으니 또한 책임이 무겁지 않겠습니까? 죽고 나서야 그만둘 뿐이니, 또한 갈 길이 멀지 않겠습니까?"

曾子曰(증자왈): "士不可以不弘毅(사불가이불홍의), 任重而道遠(임중이도원). 仁以爲己任(인이위기임), 不亦重乎(불역중호)? 死而後已(사이후이), 不亦遠乎(불역원호)?"

8-8 음악(樂)에서 성정을 이루어야 합니다

공자께서 말씀하셨습니다.

"시(詩)에서 감흥을 일으키고, 예(禮)에서 행동의 기준을 세우며,

음악(樂)에서 성정을 이루어야 합니다."

子曰(자왈): "興於詩(흥어시), 立於禮(입어례), 成於樂(성어악)."

8-9 그 도리를 알게 할 수는 없습니다

공자께서 말씀하셨습니다.

"백성은 도리를 따르게 할 수는 있지만, 그 도리를 알게 할 수는
없습니다."

子曰(자왈): "民可使由之(민가사유지), 不可使知之(불가사지지)."

8-10 난을 일으키게 됩니다

공자께서 말씀하셨습니다.

"용맹을 좋아하고 가난을 싫어하면 난을 일으키게 됩니다. 사람으
로서 어질지 못한 것을 지나치게 미워해도 난을 일으키게 됩니다."

子曰(자왈): "好勇疾貧(호용질빈), 亂也(난야). 人而不仁(인이불
인), 疾之已甚(질지이심), 亂也(난야)."

8-11 교만하고 인색하다면

공자께서 말씀하셨습니다.

"만약 주공과 같은 훌륭한 재주를 지녔다 하더라도, 교만하고 인
색하다면 그 나머지는 볼 필요도 없습니다."

子曰(자왈): "如有周公之才之美(여유주공지재지미), 使驕且吝(사
교차린), 其餘不足觀也已(기여부족관야이)."

8-12 3년 동안 배우고도

공자께서 말씀하셨습니다.

"3년을 배우고도 녹봉에 뜻을 두지 않는 사람은 쉽게 얻을 수 없습니다."

子曰(자왈): "三年學(삼년학), 不至於穀(부지어곡), 不易得也(불이득야)."

8-13 천하에 도가 있으면 나타나고

공자께서 말씀하셨습니다.

"신념을 돈독히 하고 배우기를 좋아하며, 죽음으로써 선한 도를 지켜야 합니다. 위태로운 나라에는 들어가지도 않고, 어지러운 나라에는 살지도 않습니다. 천하에 도가 있으면 나타나고, 도가 없으면 숨어버립니다. 나라에 도가 있는데도 가난하고 천한 것은 부끄러운 일이고, 나라에 도가 없는데도 부유하고 존귀한 것은 부끄러운 일입니다."

子曰(자왈): "篤信好學(독신호학), 守死善道(수사선도). 危邦不入(위방불입), 亂邦不居(난방불거). 天下有道則見(천하유도즉현), 無道則隱(무도즉은). 邦有道(방유도), 貧且賤焉(빈차천언), 恥也(치야), 邦無道(방무도), 富且貴焉(부차귀언), 恥也(치야)."

8-14 해당 직위에 있지 않으면

공자께서 말씀하셨습니다.

"해당 직위에 있지 않으면 그에 관한 정사도 논의하지 않습니다."

子曰(자왈): "不在其位(부재기위), 不謀其政(불모기정)."

8-15 난(亂)의 음절은 아름다움이 넘쳐
공자께서 말씀하셨습니다.

"악관의 우두머리인 태사 지가 처음 연주했던 관저의 제4절인 난(亂)의 음절은, 아름다움이 넘쳐 귀에 가득 찬답니다!"

子曰(자왈): "師摯之始(사지지시), 關雎之亂(관저지란), 洋洋乎(양양호), 盈耳哉(영이재)!"

8-16 거만하면서 정직하지 못하고
공자께서 말씀하셨습니다.

"거만하면서 정직하지 못하고, 어리석으면서도 삼가지 못하며, 무능하면서도 신의가 없으면, 나는 그러한 사람을 어찌해야 할지 모르겠습니다."

子曰(자왈): "狂而不直(광이부직), 侗而不愿(동이불원), 悾悾而不信(공공이불신), 吾不知之矣(오부지지의)."

8-17 배울 때는 미치지 못할 것처럼 하고
공자께서 말씀하셨습니다.

"배울 때는 미치지 못할 것처럼 하고, 그것을 잃어버릴까 두려워해야 합니다."

子曰(자왈): "學如不及(학여불급), 猶恐失之(유공실지)."

8-18 높고도 높습니다!

공자께서 말씀하셨습니다.

"높고도 높습니다! 순임금과 우임금께서는 천하를 소유하고서도, 그것을 누리지 않았습니다!"

子曰(자왈), "巍巍乎(외외호), 舜禹之有天下也(순우지유천하야), 而不與焉(이불여언)!"

8-19 위대하십니다!

공자께서 말씀하셨습니다.

"위대하십니다! 요(堯)의 군주 됨됨이가 말이죠! 높고도 높습니다! 오직 하늘이 위대하신데, 오직 요임금만이 그것을 본받았습니다. 넓고도 넓습니다! 백성들이 뭐라고 이름 붙일 수도 없습니다. 높고도 높습니다! 그가 이룬 공적이 말입니다! 빛납니다! 그 문장(文章)이 말입니다!"

子曰(자왈): "大哉堯之爲君也(대재요지위군야)! 巍巍乎(외외호)! 唯天爲大(유천위대), 唯堯則之(유요즉지). 蕩蕩乎(탕탕호), 民無能名焉(민무능명언). 巍巍乎(외외호)! 其有成功也(기유성공야), 煥乎其有文章(환호기유문장)!"

8-20 주나라의 덕

순임금은 다섯 명의 신하가 있었기에 천하를 다스렸습니다. 무왕이 말했습니다. "나에게는 난을 다스리는 신하 열 명이 있습니다."

공자께서 말씀하셨습니다.

"인재란 구하기 어려운 것이니, 그렇지 않겠습니까? 요임금의 당나라와 순임금의 우나라 때에는 인재가 풍부했습니다. 그중에는 부인이 한 명 있었고, 신하는 아홉 명이 있었을 뿐입니다. 천하의 3분의 2를 차지하면서도 은나라를 섬겼습니다. 주나라의 덕은 아마도 지극한 덕이었다고 할 수 있을 겁니다."

舜有臣五人而天下治(순유신오인이천하치). 武王曰(무왕왈): "予有亂臣十人(여유란신십인)." 孔子曰(공자왈): "才難(재난), 不其然乎(불기연호)? 唐虞之際(당우지제), 於斯爲盛(어사위성), 有婦人焉(유부인언), 九人而已(구인이이). 三分天下有其二(삼분천하유기이), 以服事殷(이복사은). 周之德(주지덕), 其可謂至德也已矣(기가위지덕야이의)."

8-21 우임금에 대해 나는 간여할 것이 없습니다

공자께서 말씀하셨습니다.

"우임금에 대해 나는 간여할 것이 없습니다. 보잘것없는 식사를 하면서도 조상귀신들에겐 효를 다했고, 좋지 않은 옷을 입으면서도 예복과 예관에 대해서는 아름다움을 다했으며, 허름한 집에 살면서도 도랑을 내는 데 온 힘을 쏟았습니다. 우임금에 대해 나는 간여할 것이 없습니다."

子曰(자왈): "禹(우), 吾無間然矣(오무간연의). 菲飮食(비음식), 而致孝乎鬼神(이치효호귀신), 惡衣服(악의복), 而致美乎黻冕(이치미호불면), 卑宮室(비궁실), 而盡力乎溝洫(이진력호구혁). 禹(우), 吾無間然矣(오무간연의)."

자한
子罕

• • •

9-1 인(仁)과는 더불어 한 공자

공자께서는 이익과 천명에 대해서는 드물게 말씀하셨지만, 인 (仁)과는 더불어 하셨습니다.

子罕言利與命(자한언리여명), 與仁(여인).

9-2 내가 무엇을 잡아야 할까?

달항(達巷) 마을의 사람이 말했습니다.

"위대하시구나, 공자시여! 널리 배우셨으나 명성을 이룬 곳은 어디에도 없구나!"

공자께서 그 말을 들으시고 문하의 제자들에게 말씀하셨습니다.

"내가 무엇을 잡아야 할까? 말고삐를 잡아야 할까? 활을 잡아야 할까? 나는 말고삐를 잡을 거야."

達巷黨人曰(달항당인왈): "大哉孔子(대재공자)! 博學而無所成名
(박학이무소성명)." 子聞之(자문지), 謂門弟子曰(위문제자왈): "吾何
執(오하집)? 執御乎(집어호)? 執射乎(집사호)? 吾執御矣(오집어의)."

9-3 나는 대중의 방식을 따르겠습니다
공자께서 말씀하셨습니다.

"삼베로 짠 면류관을 쓰는 게 예법에 맞지만. 요즘에는 명주로
짠 면류관을 쓰는 게 검소하니, 나는 대중의 방식을 따르겠습니다.
신하가 임금을 뵐 때는 당(堂) 아래쪽에서 절하는 게 예의인데, 오
늘날엔 당 위에서 절을 하니 지나친 겁니다. 비록 대중의 경우와는
어긋나지만 나는 당 아래에서 절하는 걸 따르겠습니다."

子曰(자왈): "麻冕(마면), 禮也(예야), 今也純(금야순), 儉(검), 吾從
衆(오종중). 拜下(배하), 禮也(예야), 今拜乎上(금배호상), 泰也(태야).
雖違衆(수위중), 吾從下(오종하)."

9-4 자신만의 고집을 부리지 않으셨고
공자께서는 네 가지 일을 절대로 하지 않으셨습니다.

"자기만의 뜻을 앞세우지 않으셨고, 반드시 해야겠다는 게 없으
셨으며, 자신만의 고집을 부리지 않으셨고, 자기를 내세우지 않으
셨습니다."

子絕四(자절사), 毋意(무의), 毋必(무필), 毋固(무고), 毋我(무아).

9-5 문왕께서는 이미 돌아가셨지만

공자께서 광(匡) 땅에서 두려움을 겪을 때 말씀했습니다.

"문왕께서는 이미 돌아가셨지만, 이 문화는 나에게 있지 않겠습니까? 하늘이 앞으로 이 문화를 없애려 했다면 뒤에 죽을 사람인 나는 이 문화에 참여할 수도 없었을 겁니다. 하늘이 아직 이 문화를 버리지 않았으니, 광 땅 사람들이 나를 어떻게 하겠습니까?"

子畏於匡(자외어광), 曰(왈): "文王旣沒(문왕기몰), 文不在玆乎(문부재자호)? 天之將喪斯文也(천지장상사문야), 後死者不得與於斯文也(후사자부득여어사문야). 天之未喪斯文也(천지미상사문야), 匡人其如予何(광인기여여하)?"

9-6 태재가 나를 알겠는가!

태재(재상의 관직)가 자공에게 물었습니다.

"자네 스승님은 성인이신가? 어찌 그렇게 다방면에 재능이 있으신가?"

이에 자공이 대답했습니다.

"참으로 하늘이 내려주신 성인이시고, 또 다방면에 재능이 있으십니다."

공자께서 그 말을 듣고 말씀하셨습니다.

"태재가 나를 알겠느냐! 나는 젊어서 비천하였기 때문에 다방면의 비루한 일에 능할 수 있었지. 군자에게 재능이 많을 필요가 있겠느냐? 많을 필요는 없단다."

太宰問於子貢曰(태재문어자공왈): "夫子聖者與(부자성자여)? 何

其多能也(하기다능야)?" 子貢曰(자공왈): "固天縱之將聖(고천종지 장성), 又多能也(우다능야)." 子聞之曰(자문지왈): "太宰知我乎(태재 지아호)! 吾少也賤(오소야천), 故多能鄙事(고다능비사). 君子多乎哉 (군자다호재)? 不多也(부다야)."

9-7 나는 관직에 등용되지 않았기 때문에

금뢰(琴牢)가 말했습니다.

"스승이신 공자님께서 말씀하시길 '나는 관직에 등용되지 않았 기 때문에 다방면의 재능이 있단다'라고 하셨습니다."

牢曰(뢰왈): "子云(자운), '吾不試(오불시), 故藝(고예)'."

9-8 내가 아는 게 있겠습니까?

공자께서 말씀하셨습니다.

"내가 아는 게 있겠습니까? 아는 게 없답니다. 어떤 어리석은 사 람이 나에게 물어보면 머릿속이 텅 빈 것 같습니다. 그럴지라도 나 는 처음과 끝인 양단을 두드려 최선을 다해 알려주려 한답니다."

子曰(자왈): "吾有知乎哉(오유지호재)? 無知也(무지야). 有鄙夫問 於我(유비부문어아), 空空如也(공공여야). 我叩其兩端而竭焉(아고기 양단이갈언)."

9-9 하도(河圖)가 나오지 않으니

공자께서 말씀하셨습니다.

"봉황새는 오지 않고, 황하에서도 상서로운 그림인 하도(河圖)가 나오지 않으니, 나는 끝났습니다."

子曰(자왈):"鳳鳥不至(봉조부지), 河不出圖(하불출도), 吾已矣夫
(오이의부)!"

9-10 공자의 예의

공자께서는 상복을 입은 사람이나 면류관을 쓰고 관복을 입은
사람과 장님 등을 만나게 되면, 비록 그들이 젊어도 반드시 경의를
표하며 일어나셨고, 그들을 지나치실 때에는 반드시 재빨리 걸음
을 내디뎠습니다.

子見齊衰者冕衣裳者與瞽者(자견제최자면의상자여고자), 見之(견
지), 雖少必作(수소필작), 過之必趨(과지필추).

9-11 안연의 탄식

공자의 제자 안연이 서글프게 탄식하며 말합니다.

"우러러 볼수록 더욱 높으시고, 파고들수록 더욱 견고하십니다.
바라보면 면전에 계시다가 돌연 뒤에 계십니다. 스승님께선 차근
차근 사람들을 잘 이끌어주시고, 학문으로써 나의 지식을 넓혀주
시며, 예로써 나를 단속해 주시니, 그만두고자 해도 그만둘 수가
없습니다. 이미 나의 재주를 다 써버리면 이제는 자립할 수도 있다
는 생각도 들지만 그럴 때마다 우뚝 앞을 가로막고 서 계십니다.
비록 따르고 싶어도 어떻게 따라야 할지를 모르겠습니다."

顏淵喟然歎曰(안연위연탄왈):"仰之彌高(앙지미고), 鑽之彌堅(찬
지미견). 瞻之在前(첨지재전), 忽焉在後(홀언재후). 夫子循循然善誘

人(부자순순연선유인), 博我以文(박아이문), 約我以禮(약아이례), 欲罷不能(욕파불능). 旣竭吾才(기갈오재), 如有所立卓爾(여유소립탁이). 雖欲從之(수욕종지), 末由也已(말유야이)."

9-12 설마 내가 길바닥에서 죽기야 하겠느냐?

공자께서 질병에 걸리시자, 제자 자로가 문하의 제자들을 장례를 치를 가신으로 삼았습니다. 병에 약간의 차도가 있자 공자께서 말씀하셨습니다.

"오래되었구나! 유(자로)가 거짓 행각을 한 지가 말이다. 가신이 없으면서도 가신이 있는 것처럼 하다니, 내가 누구를 속이겠느냐? 하늘을 속이겠느냐? 나는 가신의 손에서 죽는 것보다 차라리 너희 손에서 죽는 게 낫지 않겠느냐? 또 나의 장례를 성대하게 치르지 못하더라도, 설마 내가 길바닥에서 죽기야 하겠느냐?"

子疾病(자질병), 子路使門人爲臣(자로사문인위신). 病間(병간), 曰(왈): "久矣哉(구의재), 由之行詐也(유지행사야)! 無臣而爲有臣(무신이위유신). 吾誰欺(오수기)? 欺天乎(기천호)? 且予與其死於臣之手也(차여여기사어신지수야), 無寧死於二三子之手乎(무녕사어이삼자지수호)! 且予縱不得大葬(차여종부득대장), 予死於道路乎(여사어도로호)?"

9-13 그걸 팔아야지!

제자 자공이 스승 공자에게 여쭈었습니다.

"여기에 아름다운 옥이 있다면, 궤짝에 숨겨 보관하겠습니까? 아니면 훌륭한 상인을 구하여 파시겠습니까?"

공자께서 대답하셨습니다.

"그것을 팔아야지! 그걸 팔아야지! 나는 제값을 쳐줄 상인을 기다릴 게야."

子貢曰(자공왈): "有美玉於斯(유미옥어사), 韞匵而藏諸(온독이장저)? 求善賈而沽諸(구선고이고저)?" 子曰(자왈): "沽之哉(고지재)! 沽之哉(고지재)! 我待賈者也(아대가자야)."

9-14 무슨 누추할 것이 있겠느냐?

공자께서 오랑캐 땅 구이(九夷)에 살고 싶어 하셨습니다. 이에 어떤 사람이 말했습니다.

"누추할 텐데 어찌 사시겠습니까?"

공자께서 말씀하셨습니다.

"군자가 사는데, 무슨 누추할 것이 있겠습니까?"

子欲居九夷(자욕거구이). 或曰(혹왈): "陋如之何(누여지하)? 子曰(자왈): "君子居之(군자거지), 何陋之有(하누지유)?"

9-15 음악이 바르게 되었고

공자께서 말씀하셨습니다.

"내가 위나라에서 노나라로 되돌아오고 나서야 음악이 바르게 되었고, '아(雅, 귀족의 노래)'와 '송(頌, 종묘제례악)'이 각각 제자리를 찾았답니다."

子曰(자왈): "吾自衛反魯(오자위반노), 然後樂正(연후악정), 雅頌

各得其所(아송각득기소)."

9-16 술로 인해 곤경에 빠지지 않아야 합니다

공자께서 말씀하셨습니다.

"집 밖에 나가면 벼슬이 높은 삼공(三公)과 구경(九卿)을 섬기고, 집 안에 들어오면 부모형제를 섬기며, 장례를 치를 때는 정성을 다해 힘써야 하고, 술로 인해 곤경에 빠지지 않아야 합니다. 내가 이렇게 하는데 무슨 일이 있겠습니까?"

子曰(자왈): "出則事公卿(출즉사공경), 入則事父兄(입즉사부형), 喪事不敢不勉(상사불감불면), 不爲酒困(불위주곤), 何有於我哉(하유어아재)?"

9-17 불사주야

공자께서 강가 위에서 말씀하셨습니다.

"강물이 흘러가는 것이 이와 같습니다. 밤낮을 그치지 않는답니다."

子在川上曰(자재천상왈): "逝者如斯夫(서자여사부)! 不舍晝夜(불사주야)."

9-18 마치 여색을 좋아하는 것처럼

공자께서 말씀하셨습니다.

"나는 아직 덕을 좋아하는 것을 마치 여색을 좋아하는 것처럼 하는 사람을 보지 못했습니다."

子曰(자왈): "吾未見好德如好色者也(오미견호덕여호색자야)."

9-19 학문을 하는 것은 비유하자면

공자께서 말씀하셨습니다.

"학문을 하는 것은 비유하자면 산을 쌓는 것과 같으니, 한 삼태기의 흙을 붓지 못하고 그만두어도, 내가 그만둔 겁니다. 비유하자면 땅을 평평하게 고르는 것과 같으니, 비록 한 삼태기의 흙을 부어서 나아갈지라도, 내가 나아가는 겁니다."

子曰(자왈): "譬如爲山(비여위산), 未成一簣(미성일궤), 止(지), 吾止也(오지야). 譬如平地(비여평지), 雖覆一簣(수복일궤), 進(진), 吾往也(오왕야)."

9-20 실천하는 안회

공자께서 말씀하셨습니다.

"무언가를 말하여주면 그것을 실천하는 데 게으르지 않는 자는, 안회일 겁니다."

子曰(자왈): "語之而不惰者(어지이불타자), 其回也與(기회야여)!"

9-21 애석하구나!

공자께서 이미 죽은 안연에 대해 말씀하셨습니다.

"애석합니다! 나는 그가 앞으로 나아가는 것은 보았어도, 그가 멈추어 선 것은 보지 못했답니다."

子謂顔淵曰(자위안연왈): "惜乎(석호)! 吾見其進也(오견기진야), 未見其止也(미견기지야)."

9-22 싹을 틔우면서도

공자께서 말씀하셨습니다.

"싹을 틔우면서도 꽃을 맺지 못하는 것도 있습니다! 꽃을 피우면서도 열매를 맺지 못하는 것도 있답니다!"

子曰(자왈): "苗而不秀者(묘이불수자), 有矣夫(유의부)! 秀而不實者(수이부실자), 有矣夫(유의부)!"

9-23 내 뒤에 태어난 자들이 두렵구나

공자께서 말씀하셨습니다.

"내 뒤에 태어난 자들이 두렵습니다. 뒤따라오는 자들이 지금의 우리만 못할 거라는 걸 어찌 알겠습니까? 그러나 40세나 50세가 되어도 그 명성이 들리지 않으면 이 또한 두려워할 만한 사람이 되기엔 부족하답니다."

子曰(자왈): "後生可畏(후생가외), 焉知來者之不如今也(언지래자지불여금야)? 四十伍十而無聞焉(사십오십이무문언), 斯亦不足畏也已(사역부족외야이)."

9-24 본받을 만한 말을 따르지 않을 수 있겠습니까?

공자께서 말씀하셨습니다.

"본받을 만한 말을 따르지 않을 수 있겠습니까? 그 말에 따라 고치는 것이 귀한 겁니다. 공손하고 도움이 되는 말을 기뻐하지 않을 수 있겠습니까? 그 말에 따라 궁구하는 것이 귀한 겁니다. 기뻐하기만 하고 궁구하지도 않으면서, 따르기만 하고 고치지 않는다면,

나도 그러한 사람에게는 끝내 어찌할 방법이 없답니다."

子曰(자왈): "法語之言(법어지언), 能無從乎(능무종호)? 改之爲貴 (개지위귀). 巽與之言(손여지언), 能無說乎(능무열호)? 繹之爲貴(역 지위귀). 說而不繹(열이불역), 從而不改(종이불개), 吾末如之何也已 矣(오말여지하야이의)."

9-25 허물이 있으면 고치는 것을 꺼리지 말아야

공자께서 말씀하셨습니다.

"충심과 신의를 주로 하고, 자기보다 못한 자를 벗하지 말며, 허물이 있으면 고치는 것을 꺼리지 말아야 합니다."

子曰(자왈): "主忠信(주충신), 毋友不如己者(무우불여기자), 過則 勿憚改(과즉물탄개)."

9-26 굳은 의지는 빼앗을 수 없다

공자께서 말씀하셨습니다.

"삼군의 우두머리인 장수를 빼앗을 수는 있지만, 보잘것없는 사내의 굳은 의지는 빼앗을 수가 없습니다."

子曰(자왈): "三軍可奪帥也(삼군가탈수야), 匹夫不可奪志也(필부 불가탈지야)."

9-27 어찌 훌륭하다고 말할 수 있겠느냐?

공자께서 말씀하셨습니다.

"낡은 솜옷을 입은 천한 사람이나 여우나 담비 가죽으로 지은 옷을 입은 귀한 사람과 함께 서 있어도 부끄러워하지 않을 사람은 아마도 유(자로)일 겁니다! 『시경』의 '남을 해치지도 않고 남의 것을 탐내지도 않으니 어찌 훌륭하지 않은가?'라고 했습니다."

자로가 이 구절을 늘 외우고 다녔습니다. 이를 지켜본 공자께서 말씀하셨습니다.

"그 정도의 도를 어찌 훌륭하다고 말할 수 있겠느냐?"

子曰(자왈): "衣敝縕袍(의폐온포), 與衣狐貉者立(여의호맥자립), 而不恥者(이불치자), 其由也與(기유야여)! '不忮不求(불기불구), 何用不臧(하용부장)?'" 子路終身誦之(자로종신송지). 子曰(자왈): "是道也(시도야), 何足以臧(하족이장)?"

9-28 소나무와 잣나무의 푸름

공자께서 말씀하셨습니다.

"날씨가 추워지고 난 후에야 소나무와 잣나무가 나중에 시듦을 알 수 있습니다."

子曰(자왈): "歲寒然後知松柏之後彫也(세한연후지송백지후조야)."

9-29 지혜로운 사람은 미혹되지 않고

공자께서 말씀하셨습니다.

"지혜로운 사람은 미혹되지 않고, 어진 사람은 근심하지 않으며, 용기 있는 사람은 두려워하지 않습니다."

子曰(자왈): "知者不惑(지자불혹), 仁者不憂(인자불우), 勇者不懼

(용자불구)."

9-30 멀다는 게 무슨 문제이겠습니까?

공자께서 말씀하셨습니다.

"더불어 같이 배울 수는 있지만 그것만으로는 아직 더불어서 도에 이를 수는 없고, 더불어 도에 나아갈 수 있지만 그것만으로는 아직 더불어 굳건하게 설 수 있는 것은 아니며, 함께 설 수는 있어도 아직은 자신의 지식만으로는 사안의 대소를 분별할 수는 없습니다."

"산앵두나무 꽃이 팔랑팔랑 나부끼네. 어찌 그대가 그립지 않을까만 집이 너무 멀리 있구나."

이 시를 읊으며 공자께서 말씀하셨습니다.

"그를 그리워하지 않는 것이지, 멀다는 게 무슨 문제이겠습니까?"

子曰(자왈): "可與共學(가여공학), 未可與適道(미가여적도), 可與適道(가여적도), 未可與立(미가여립), 可與立(가여립), 未可與權(미가여권)." "唐棣之華(당체지화), 偏其反而(편기반이). 豈不爾思(개불이사)? 室是遠而(실시원이)." 子曰(자왈): "未之思也(미지사야), 夫何遠之有(부하원지유)?"

향당
鄉黨

• • •

10-1 향당(鄉黨)에 머무실 때는

공자께서는 향당(鄉黨, 아버지와 형 그리고 친족이 사는 마을)에 머무실 때는 공손하고 조심스러워 하시며 마치 말을 잘 못하는 사람 같았습니다. 종묘나 조정에 계실 때는 청산유수와 같이 유창하게 말씀하셨으나 오로지 삼가하실 뿐이었습니다. 조정에서 하대부들과 말씀하실 때는 즐거운 듯 유쾌하셨고, 상대부들과 말씀하실 때는 공손하면서도 정직한 모습이셨으며, 임금이 계실 때에는 조심스러우면서도 나름의 위엄을 갖추셨습니다.

孔子於鄉黨(공자어향당), 恂恂如也(순순여야), 似不能言者(사불능언자). 其在宗廟朝廷(기재종묘조정), 便便言(편편언), 唯謹爾(유근이). 朝(조), 與下大夫言(여하대부언), 侃侃如也(간간여야), 與上大

夫言(여상대부언), 誾誾如也(은은여야). 君在(군재), 踧踖如也(축적여야), 與與如也(여여여야).

10-2 귀빈을 접대하게 할 때는

노나라 임금이 공자를 불러 귀빈을 접대하게 할 때는 정색을 하시고 발걸음도 빨라지셨습니다. 함께 서 있는 사람에게 절을 할 때는 좌우의 손을 활용하여 옷자락을 반듯이 하셨고, 종종걸음으로 앞으로 나아가실 때는 새가 날개를 편 듯 단정하였습니다. 손님이 물러가면 반드시 보고하셨습니다.

"손님이 뒤도 돌아보지 않았습니다."

君召使擯(군소사빈), 色勃如也(색발여야), 足躩如也(족곽여야). 揖所與立(읍소여립), 左右手(좌우수), 衣前後(의전후), 襜如也(첨여야). 趨進(추진), 翼如也(익여야). 賓退(빈퇴), 必復命曰(필복명왈): "賓不顧矣(빈불고의)."

10-3 궁궐 문을 들어가실 때는

공자께서 궁궐 문을 들어가실 때는 몸을 구부정하게 구부리시는 것이 마치 문이 낮아 들어가실 수 없어서 그러시는 것 같았습니다. 멈추어 서 계실 때는 문 가운데 서지 않으시고, 다니실 때는 문지방을 밟지 않으셨습니다. 임금의 자리를 지나실 때는 황급히 정색을 하시고 발걸음을 빨리하셨으며, 말소리는 마치 기력이 부족한 듯 낮추셨습니다. 대청에 오르실 때는 옷자락을 부여잡고 몸을 구부정하게 굽히시고, 숨소리를 죽여 숨을 쉬지 않는 것같이 하셨습니다. 나가실 때는 한 계단 내려오고 나서야 긴장한 표정을 풀고 즐거운 모습을 하셨습니다. 다 내려가서 종종걸음으로 나아가실 때는 새가 두 날개를 펼친 듯 태도를 단정히 하셨고, 본래의 자리로 돌아와서는 조심스럽고 공손하셨습니다.

入公門(입공문), 鞠躬如也(국궁여야), 如不容(여불용). 立不中門(입부중문), 行不履閾(행불리역). 過位(과위), 色勃如也(색발여야), 足躩如也(족곽여야), 其言似不足者(기언사부족자). 攝齊升堂(섭제승당), 鞠躬如也(국궁여야), 屛氣似不息者(병기사불식자). 出(출), 降一等(강일등), 逞顏色(영안색), 怡怡如也(이이여야). 沒階(몰계), 趨進(추진), 翼如也(익여야). 復其位(복기위), 踧踖如也(축적여야).

10-4 규를 잡으실 때는

규(圭, 옥으로 만든 신분용 홀)을 잡으실 때는 몸을 구부정하게 하여 마치 그 무게를 이기지 못하신 듯하셨습니다. 위로 올리실 때는 읍을 하시는 것 같았고, 아래로 내릴 때는 물건을 건네듯이 하셨습니다. 또 갑자기 안색을 바꾸어 두려움에 떠는 표정을 지으셨고, 발은 종종걸음 치는 것이 마치 무언가를 따라가는 것 같았습니다. 예물을 올릴 때는 부드러운 안색을 하시고, 개인적으로 만나실 때는 희희낙락하셨습니다.

執圭(집규), 鞠躬如也(국궁여야), 如不勝(여불승). 上如揖(상여읍), 下如授(하여수). 勃如戰色(발여전색), 足蹜蹜如有循(족축축여유순). 享禮(향례), 有容色(유용색). 私覿(사적), 愉愉如也(유유여야).

10-5 여름에는 칡베로 만든 홑옷을 입으시되

군자(공자)는 감색과 검붉은 색으로 옷깃을 장식하지 않고, 붉은 색과 자주색으로 평상복을 만드시지 않았습니다. 더운 여름에는 칡베로 만든 홑옷을 입으시되, 외출할 때는 반드시 겉옷을 입고 나가셨습니다. 검은 옷에는 양가죽으로 만든 갓옷을 입으시고, 흰 옷에는 어린 사슴 가죽으로 만든 갓옷을 입으셨으며, 누런 옷에는 여우가죽으로 만든 갓옷을 입으셨습니다. 평상복은 조금 길게 하되 일할 때 편리하도록 오른쪽 소매를 짧게 하셨습니다. 반드시 잠옷을 갖추어놓고 계셨는데 키의 한 배 반으로 하셨습니다. 방에서는 여우나 담비의 두터운 가죽을 깔고 앉으셨습니다. 탈상을 한 뒤에는 몸에 패물을 차지 않으신 적이 없었습니다. 조회에 나가거나 제사를 지낼 때 입는 예복은 예법대로 온폭의 천을 썼지만, 예복이 아닌 옷은 반드시 남은 천을 잘라내셨습니다. 양가죽으로 만든 갓옷을 입거나 검은 갓을 쓰고는 조문을 가지 않으셨습니다. 매월 초하룻날에는 반드시 조복을 입고 임금님을 알현하셨습니다.

君子不以紺緅飾(군자불이감추식), 紅紫不以爲褻服(홍자불이위설복). 當署(당서), 袗絺綌(진치격), 必表而出之(필표이출지). 緇衣(치의), 羔裘(고구), 素衣(소의), 麑裘(예구), 黃衣狐裘(황의호구), 褻裘長(설구장), 短右袂(단우메). 必有寢衣(필유침의), 長一身有半(장일신유반). 狐貉之厚以居(호맥지후이거). 去喪(거상), 無所不佩(무소불패). 非帷裳(비유상), 必殺之(필쇄지). 羔裘玄冠不以弔(고구현관불이조). 吉月(길월), 必朝服而朝(필조복이조).

10-6 목욕재계와 식사의 규칙

목욕재계하실 때는 반드시 깨끗한 새 옷을 갈아입으셨는데, 그 것은 삼베로 만든 것이었습니다. 목욕재계할 때는 반드시 음식을 바꾸셨고, 반드시 거처하던 자리를 옮기셨습니다. 밥은 잘 찧은 쌀 이라야 싫어하지 않으셨고, 회는 가늘게 썬 것이라야 싫어하지 않 으셨습니다. 밥이 쉬어 냄새가 나거나 생선 상한 것, 부패한 고기 는 드시지 않았습니다. 빛깔이 나쁜 것은 드시지 않으셨고, 냄새가 고약한 것 역시 드시지 않으셨습니다. 제대로 익지 않으면 드시지 않으셨고, 제철이 아닌 것도 드시지 않으셨습니다. 제대로 잘리지 않으면 드시지 않으셨고, 음식에 맞는 장이 없으면 드시지 않으셨 습니다. 고기가 비록 많을지라도 주식을 능가할 만큼 드시지는 않 았습니다. 다만 술만은 양을 한정하지 않았으나 마음을 어지럽힐 정도까지는 마시지 않으셨습니다. 사온 술과 저잣거리의 육포는 드시지 않으셨습니다. 생강은 상에서 물리치지 않고 드셨으나 많 이 드시지는 않았습니다. 나라에서 제사를 지내고 받은 고기는 밤 을 넘기지 않고 드셨고, 다른 제사상에 올린 고기는 사흘을 넘기지 않으셨으며, 사흘이 지나면 드시지 않으셨습니다. 식사하실 때는 말씀을 하지 않으셨고, 잠자리에서도 말씀을 하지 않으셨습니다. 비록 거친 밥과 나물국이라도 고수레를 지내셨으며 반드시 재계하 시는 마음으로 임하셨습니다.

齊必有明衣(제필유명의), 布(포). 齊必變食(제필변식), 居必遷坐 (거필천좌). 食不厭精(식불염정), 膾不厭細(회불염세). 食饐而餲(식의 이애), 魚餒而肉敗(어뇌이육패), 不食(불식). 色惡(색악), 不食(불식).

臭惡不食(취악불식). 失飪不食(실임불식). 不時不食(불시불식). 割不正(할부정), 不食(불식). 不得其醬(부득기장), 不食(불식). 肉雖多(육수다), 不使勝食氣(불사승식기), 唯酒無量(유주무량), 不及亂(불급란). 沽酒市脯不食(고주시포불식). 不撤薑食(불철강식), 不多食(부다식). 祭於公(제어공), 不宿肉(불숙육). 祭肉(제육), 不出三日(불출삼일). 出三日(출삼일), 不食之矣(불식지의). 食不語(식불어), 寢不言(침불언). 雖疏食菜羹(수소식채갱), 瓜祭(과제), 必齊如也(필제여야).

10-7 더불어 술을 마실 때는

자리가 바르지 않으면 앉지 않으셨습니다. 마을 사람들과 더불어 술을 마실 때는, 지팡이를 짚은 어른이 나가시면 그제야 나가셨습니다.

席不正(석부정), 不坐(부좌). 鄉人飲酒(향인음주), 杖者出(장자출), 斯出矣(사출의).

10-8 잡귀를 쫓는 굿을 할 때는

마을 사람들이 잡귀를 쫓는 굿을 할 때는 조복을 입고 동쪽 섬돌에 서 계셨습니다.

鄉人儺(향인나), 朝服而立於阼階(조복이립어조계).

10-9 다른 나라에 조문 보낼 때는

사람들을 다른 나라에 조문 보낼 때는, 그에게 두 번 절하고 보내셨습니다.

問人於他邦(문인어타방), 再拜而送之(재배이송지).

10-10 약 선물에 대한 예

계강자가 약을 보내오자, 절을 하고 약을 받고는 말씀하셨습니다.

"내가 아직 통달하지 못해 감히 맛을 보지 못하겠습니다."

康子饋藥(강자궤약), 拜而受之(배이수지). 曰(왈):"丘未達(구미달), 不敢嘗(불감상)."

10-11 사람이 다쳤느냐?

마구간에 불이 났습니다.

공자께서 조정에서 물러나와 말씀하셨습니다.

"사람이 다쳤느냐?"

그러고는 말에 대해서는 묻지 않으셨습니다.

廐焚(구분). 子退朝曰(자퇴조왈):"傷人乎(상인호)?"不問馬(불문마).

10-12 임금님이 날고기를 하사하시면

임금님이 음식을 내려주시면 반드시 자리를 정돈하시고 먼저 맛을 보셨습니다. 임금님이 날고기를 하사하시면 반드시 익혀서 조상님께 올리셨습니다. 임금님이 살아 있는 것을 하사하시면 반드시 잘 길렀습니다. 임금님을 모시고 식사를 하실 때는, 임금님이 제례를 올리시면 반찬은 드시지 않고 먼저 밥을 드셨습니다.

君賜食(군사식), 必正席先嘗之(필정석선상지). 君賜腥(군사성), 必熟而薦之(필숙이천지). 君賜生(군사생), 必畜之(필축지). 侍食於君(시식어군), 君祭(군제), 先飯(선반).

10-13 머리를 동쪽으로 하고 누워

공자께서 병이 들어 임금님께서 방문하셨는데, 머리를 동쪽으로 하고 누워 조복을 입으시고 허리띠를 펼쳐놓으셨습니다.

疾(질), 君視之(군시지), 東首(동수), 加朝服(가조복), 拖紳(타신).

10-14 임금님이 부르시면

임금님이 명령하여 부르시면 수레에 멍에 얹는 것을 기다리지 않고 가셨습니다.

君命召(군명소), 不俟駕行矣(불사가행의).

10-15 태묘에 들어가서는

태묘에 들어가서는 매사를 물으셨습니다.

入太廟(입태묘), 每事問(매사문).

10-16 내 집에 빈소를 차리거라

벗이 죽었을 때 돌아갈 곳이 없으면 말씀하셨습니다.

"내 집에 빈소를 차리거라."

朋友死(붕우사), 無所歸(무소귀), 曰(왈): "於我殯(어아빈)."

10-17 벗이 주는 선물은

벗이 주는 선물은 비록 수레나 말이더라도, 제사 지낸 고기가 아니면 받을 때 절하지 않았습니다.

朋友之饋(붕우지궤), 雖車馬(수거마), 非祭肉(비제육), 不拜(불배).

10-18 집에 계실 때는

주무실 때는 시체처럼 눕지 않았고, 집에 계실 때는 용모를 치장하지 않으셨습니다.

寢不尸(침불시), 居不容(거불용).

10-19 상복을 입은 사람에게는

상복을 입은 사람을 보시면 비록 친밀한 사이라도 동정하는 마음으로 낯빛을 바꾸셨습니다. 면류관을 쓴 관리와 눈먼 장님을 만나면 비록 허물없는 사이라도 반드시 예의를 갖추셨습니다. 수레를 타다가도 상복을 입은 사람을 만나면 예를 갖추셨고, 나라의 중요한 도판을 짊어진 사람에게도 예를 표하셨습니다. 갖은 성찬을 받으시면 안색을 바꾸시며 일어나셨고, 천둥이 치고 바람이 거세게 불면 반드시 안색을 바꾸셨습니다.

見齊衰者(견제최자), 雖狎(수압), 必變(필변). 見冕者與瞽者(견면자여고자), 雖褻(수설), 必以貌(필이모). 凶服者式之(흉복자식지). 式負版者(식부판자). 有盛饌(유성찬), 必變色而作(필변색이작). 迅雷風烈必變(신뢰풍렬필변).

10-20 수레를 타시고는

수레에 오르면 반드시 바르게 서서 손잡이 끈을 잡으셨습니다.
수레 안에서는 내부를 돌아보지 않으셨고, 말씀을 빠르게 하지도
않으셨으며, 직접 손가락질도 하지 않으셨습니다.

升車(승거), 必正立(필정립), 執綏(집수). 車中(거중), 不內顧(불내
고), 不疾言(불질언), 不親指(불친지).

10-21 꿩들을 잡아 바치려 하자

꿩들이 사람의 기색을 살피다가 날아올라 빙빙 돌다가 모여 앉
았습니다. 공자께서 말씀하셨습니다.

"산속 다리 위의 암꿩 수꿩이여, 때를 만났구나, 때를 만났어!"

제자 자로가 그 꿩들을 잡아 바치려 하자, 공자께서 세 번 냄새를
맡더니 그만 일어나셨습니다.

色斯擧矣(색사거의), 翔而後集(상이후집). 曰(왈): "山梁雌雉(산량
자치), 時哉時哉(시재시재)!" 子路共之(자로공지), 三嗅而作(삼후이
작).

선진
先進

● ● ●

11-1 먼저 예악에 나아간 사람을 쓰겠습니다

공자께서 말씀하셨습니다.

"먼저 예와 악에 나아간 사람은 들판의 야인 같고, 나중에 예악
에 나아간 사람은 군자와 같습니다. 만약 나에게 등용하라고 한다
면 나는 먼저 예악에 나아간 사람을 쓰겠습니다."

子曰(자왈): "先進於禮樂(선진어례악), 野人也(야인야), 後進於禮
樂(후진어례악), 君子也(군자야). 如用之(여용지), 則吾從先進(즉오종
선진)."

11-2 모두 내 문하에 남아 있지 않습니다

공자께서 말씀하셨습니다.

"진나라와 채나라 국경에서 고생했을 때 나를 따랐던 자들은 모두 내 문하에 남아 있지 않습니다."

子曰(자왈):"從我於陳蔡者(종아어진채자), 皆不及門也(개불급문야)."

11-3 문학에 뛰어난 자는 자유와 자하

덕을 잘 행하는 자들은 안연·민자건·염백우·중궁이고, 언어에 뛰어난 자들은 재아와 자공이며, 정사를 잘 돌보는 자는 염유와 계로이고, 문학에 뛰어난 자는 자유와 자하였습니다.

德行(덕행), 顏淵閔子騫冉伯牛仲弓(안연민자건염백우중궁). 言語(언어), 宰我子貢(재아자공). 政事(정사), 冉有季路(염유계로). 文學(문학), 子游子夏(자유자하).

11-4 가르침에 기뻐하지 않은 적이 없었답니다

공자께서 말씀하셨습니다.

"안회는 나를 돕는 자가 아니랍니다. 내가 말한 가르침에 기뻐하지 않은 적이 없었답니다."

子曰(자왈):"回也非助我者也(회야비조아자야), 於吾言無所不說(어오언무소불열)."

11-5 이간질하는 사람이 없었답니다

공자께서 말씀하셨습니다.

"참으로 효성스럽습니다, 민자건은! 그의 부모나 형제들의 말에 이간질하는 사람이 없었답니다!"

子曰(자왈): "孝哉閔子騫(효재민자건)! 人不間於其父母昆弟之
言(인불간어기부모곤제지언)."

11-6 자기 형의 딸을 그에게 시집보냈습니다

남용이 희고 맑은 옥에 대해 세 번이나 반복해서 말하자, 공자는
형의 딸을 그에게 시집보냈습니다.

南容三復白圭(남용삼복백규), 孔子以其兄之子妻之(공자이기형지
자처지).

11-7 누가 제일 배우는 걸 좋아합니까?

계강자가 물었습니다.

"제자들 중에서 누가 제일 배우는 걸 좋아합니까?"

공자께서 대답하셨습니다.

"안회라는 자가 배우기를 참 좋아했지요. 그러나 불행하게도 명
이 짧아 죽고, 지금은 이 세상 사람이 아니랍니다."

季康子問(계강자문), "弟子孰爲好學(제자숙위호학)?"孔子對曰
(공자대왈): "有顔回者好學(유안회자호학), 不幸短命死矣(불행단명사
의), 今也則亡(금야즉망)."

11-8 덧관을 만들어주지 못했습니다

안연이 죽자 그의 부친 안로가 공자의 수레를 팔아 그 돈으로 관
의 바깥쪽 덧관을 만들자고 요청했습니다. 이에 공자께서 말씀하

셨습니다.

"재주가 있든 없든 역시 저마다 자기 자식에 대해 애처롭게 말하기 마련입니다. 내 아들 리(鯉)가 죽었을 때 안쪽의 관만 있었고 겉관인 덧관은 없었답니다. 내가 걸어 다니면서까지 덧관을 만들어 주지 못했습니다. 나는 대부벼슬의 말석에 있었기 때문에 걸어 다닐 수는 없었기 때문이었답니다."

顏淵死(안연사), 顏路請子之車以爲之槨(안로청자지차이위지곽). 子曰(자왈): "才不才(재부재), 亦各言其子也(역각언기자야). 鯉也死 (리야사), 有棺而無槨(유관이무곽). 吾不徒行以爲之槨(오불도행이위지곽). 以吾從大夫之後(이오종대부지후), 不可徒行也(불가도행야)."

11-9 하늘이 날 버리시는구나!

안연이 죽었습니다. 공자께서 비통한 표정으로 소리쳤습니다.

"아! 하늘이 날 버리시는구나! 하늘이 날 버렸어!"

顏淵死(안연사), 子曰(자왈): "噫(희)! 天喪予(천상여)! 天喪予(천상여)!"

11-10 안연이 아니면 누구로 인해 비통하겠느냐?

안연이 죽었습니다. 공자께서 곡을 하시며 비통해하셨습니다. 그러자 제자 한 사람이 말했습니다.

"스승님께서는 서럽게 비통해하시는군요!"

공자께서 말씀하셨습니다.

"비통해한다고? 안연으로 비통해하지 않으면 누구로 인해 비통하겠느냐?"

顔淵死(안연사), 子哭之慟(자곡지통). 從者曰(종자왈): "子慟矣(자통의)!" 曰(왈): "有慟乎(유통호)? 非夫人之爲慟而誰爲(비부인지위통이수위)?"

11-11 나는 그를 아들처럼 대하지 못했단다

안연이 죽었습니다. 공자의 제자들이 그를 후하게 장사 지내려고 하였습니다. 공자께서 말씀하셨습니다.

"안 된다."

그럼에도 제자들이 성대하게 장사 지내자 공자께서 말씀하셨습니다.

"안회는 날 아버지처럼 여겼지만, 나는 그를 아들처럼 대하지 못했단다. 이는 내 탓이 아니라 몇몇 제자들 탓이로구나."

顔淵死(안연사), 門人欲厚葬之(문인욕후장지). 子曰(자왈): "不可(불가)." 門人厚葬之(문인후장지). 子曰(자왈): "回也視予猶父也(회야시여유부야), 予不得視猶子也(여부득시유자야). 非我也(비아야), 夫二三子也(부이삼자야)."

11-12 삶도 모르는데 어찌 죽음을 알겠느냐?

계로가 귀신 섬기는 것에 대해 여쭈었습니다. 이에 공자께서 말씀하셨습니다.

"사람도 잘 섬기지 못하면서 어찌 귀신을 섬길 수 있겠느냐?"

계로가 다시 여쭙니다.

"그렇다면 감히 죽음에 대해 여쭙겠습니다."

공자께서 말씀하셨습니다.

"삶도 모르는데 어찌 죽음을 알겠느냐?"

季路問事鬼神(계로문사귀신). 子曰(자왈): "未能事人(미능사인), 焉能事鬼(언능사귀)?"曰(왈): "敢問死(감문사)."曰(왈): "未知生(미지생), 焉知死(언지사)?"

11-13 유(由)는 제명대로 살진 못할 거야

민자건이 곁에서 공자를 모실 때는 온화하고 반듯했으며, 자로는 굳세면서 강했고, 염유와 자공은 자유로우면서도 편안해 했습니다. 공자께서는 즐거운 표정으로 말씀하셨습니다.

"유(由, 자로)는 제명대로 살진 못할 거야."

閔子侍側(민자시측), 誾誾如也(은은여야), 子路(자로), 行行如也(행행여야), 冉有子貢(염유자공), 侃侃如也(간간여야). 子樂(자락)."若由也(약유야), 不得其死然(부득기사연)."

11-14 말을 하면 반드시 이치에 맞는 말만을 하지

노나라 사람인 집정대신이 장부를 고쳤습니다. 민자건이 말했습니다.

"옛날의 관행을 따르는 게 어떻겠습니까? 어찌하여 반드시 고쳐야 한단 말입니까?"

공자께서 말씀하셨습니다.

"그 사람은 평소에 별로 말을 많이 하진 않지만, 말을 하면 반드시 이치에 맞는 말만을 하지."

魯人爲長府(노인위장부). 閔子騫曰(민자건왈): "仍舊貫(잉구관), 如之何(여지하)? 何必改作(하필개작)?" 子曰(자왈): "夫人不言(부인 불언), 言必有中(언필유중)."

11-15 방 안까지는 들어오지 않았단다

공자께서 말씀하셨습니다.

"유(자로)가 어찌하여 거문고를 내 집 문 앞에서 타느냐?"

그날 이후로 문인들은 자로를 공경하지 않았습니다. 이에 공자께서 말씀하셨습니다.

"유가 대청까지는 올라왔지만, 방 안까지는 들어오지 않았단다."

子曰(자왈): "由之瑟(유지슬), 奚爲於丘之門(해위어구지문)?" 門人不敬子路(문인불경자로). 子曰(자왈): "由也升堂矣(유야승당의), 未入於室也(미입어실야)."

11-16 과유불급

자공이 공자께 여쭈었습니다. 사(師, 자장)와 상(商, 자하) 중에서 누가 현명합니까?

공자께서 말씀하셨습니다.

"사는 지나치고 상은 미치지 못하더구나."

자공이 재차 여쭈었습니다.

"그렇다면 사가 더 낫습니까?"

공자께서 말씀하셨습니다.

"지나침은 미치지 못한 것만 못하는 법이란다."

子貢問(자공문), "師與商也孰賢(사여상야숙현)?"子曰(자왈):"師
也過(사야과), 商也不及(상야불급)."曰(왈):"然則師愈與(연즉사유
여)?"子曰(자왈):"過猶不及(과유불급)."

11–17 제자들아, 북을 울려 그를 성토해도 괜찮다

계씨가 주공보다 부유한데도 염구는 그를 위해 백성들에게 수탈
하듯 세금을 거두어 그의 부를 더욱 늘려 주었습니다. 공자께서 말
씀하셨습니다.

"그는 나의 제자가 아니로구나. 제자들아, 북을 울려 그를 성토
해도 좋다."

季氏富於周公(계씨부어주공), 而求也爲之聚斂而附益之(이구야
위지취렴이부익지). 子曰(자왈):"非吾徒也(비오도야). 小子鳴鼓而攻
之(소자명고이공지), 可也(가야)."

11–18 예측이 자주 들어맞았답니다

시(柴, 자고)는 어리석고, 삼(參, 증삼)은 미련하며, 사(師, 자장)는 너
무 치우치고, 유(由, 자로)는 거칠었습니다. 이에 공자께서 말씀하셨
습니다.

"안회는 거의 도를 터득했지만 쌀통이 자주 비었습니다. 자공은
운명을 받아들이지 않으면서 재물을 불려나갔는데, 그의 예측이
자주 들어맞았답니다."

柴也愚(시야우), 參也魯(참야노), 師也辟(사야벽), 由也喭(유야언).

子曰(자왈): "回也其庶乎(회야기서호), 屢空(누공). 賜不受命(사불수명), 而貨殖焉(이화식언), 億則屢中(억즉누중)."

11-19 미덥게 말하는 사람

자장이 선한 사람의 도에 대해 여쭈었습니다. 공자께서 말씀하셨습니다.

"옛 성인의 발자취를 밟지 않는다면 또한 높은 경지의 방 안에는 들어갈 수 없단다."

공자께서 다시 말씀하셨습니다.

"미덥게 말하는 사람을 논의할 때는, 군자다운 사람인지 표정만 장중한 사람인지를 살펴야 한단다."

子張問善人之道(자장문선인지도). 子曰(자왈): "不踐迹(불천적), 亦不入於室(역불입어실)." 子曰(자왈): "論篤是與(논독시여), 君子者乎(군자자호)? 色莊者乎(색장자호)?"

11-20 들으면 바로 실행해야

자로가 여쭈었습니다.

"들으면 바로 실행해야 합니까?"

공자께서 말씀하셨습니다.

"부모형제가 있다면 어찌 듣는 대로 곧바로 실행할 수 있겠느냐?"

염유가 여쭈었습니다.

"들으면 바로 실행해야 합니까?"

공자께서 말씀하셨습니다.

"들으면 바로 실행해야지."

공서화가 여쭈었습니다.

"유(자로)가 '들으면 바로 실행해야 합니까?'라고 여쭈었을 때 스승님께서는 '부모형제가 있다면'이라고 말씀하셨습니다. 구(염유)가 '들으면 바로 실행해야 합니까?'라고 여쭈었을 때 스승님께서는 '들으면 바로 실행해야지'라고 말씀하셨습니다. 저는 의아하여 감히 여쭙니다."

공자께서 말씀하셨습니다.

"구는 소극적으로 물러나므로 나아가게 한 것이고, 유는 다른 사람을 적극적으로 이기려 하므로 물러나도록 한 것이란다."

子路問(자로문), "聞斯行諸(문사행저)?" 子曰(자왈): "有父兄在(유부형제), 如之何其聞斯行之(여지하기문사행지)?" 冉有問(염유문), "聞斯行諸(문사행저)?" 子曰(자왈): "聞斯行之(문사행지)." 公西華曰(공서화왈): "由也問聞斯行諸(유야문문사행저), 子曰(자왈): '有父兄在(유부형제)', 求也問聞斯行諸(구야문문사행저), 子曰(자왈): '聞斯行之(문사행지)'. 赤也惑(적야혹), 敢問(감문)." 子曰(자왈): "求也退(구야퇴), 故進之(고진지), 由也兼人(유야겸인), 故退之(고퇴지)."

11-21 나는 네가 죽은 줄 알았다

공자께서 광(匡) 땅에 갇히게 되었을 때 안연이 뒤처지게 되었습니다. 공자께서 말씀하셨습니다.

"나는 네가 죽은 줄 알았다."

안연이 말했습니다.

"스승님께서 살아계신데, 어찌 감히 제가 먼저 죽겠습니까?"

子畏於匡(자외어광), 顏淵後(안연후). 子曰(자왈): "吾以女爲死矣 (오이여위사의)." 曰(왈): "子在(자재), 回何敢死(회하감사)?"

11-22 군왕의 명을 따르기만 하는 자들입니까?

계자연이 물었습니다.

"중유와 염구는 대신이라 할 수 있습니까?"

공자께서 말씀하셨습니다.

"나는 당신이 뭔가 특별한 걸 질문할 줄 알았는데, 결국 유와 구에 대해 물었군요. 이른바 대신이란 도로써 군왕을 섬기다가 할 수 없으면 그만두는 법이지요. 지금 유와 구는 자리만 지키는 신하라 할 수 있습니다."

계자연이 다시 물었습니다.

"그렇다면 군왕의 명을 따르기만 하는 자들입니까?"

공자께서 말씀하셨습니다.

"아버지와 군왕을 시해하는 일은 그들 또한 따르진 않을 겁니다."

季子然問(계자연문), "仲由冉求可謂大臣與(중유염구가위대신여)?" 子曰(자왈): "吾以子爲異之問(오이자위이지문), 曾由與求之問(증유여구지문). 所謂大臣者(소위대신자), 以道事君(이도사군), 不可則止(불가즉지). 今由與求也(금유여구야), 可謂具臣矣(가위구신의)." 曰(왈): "然則從之者與(연즉종지자여)?" 子曰(자왈): "弑父與

君(시부여군), 亦不從也(역불종야)."

11-23 말재주만 있는 자를 싫어하는 것이란다

자로가 자고를 비읍의 재상으로 임명하자 공자께서 말씀하셨습니다.

"남의 집 자식을 망치려 하는구나."

이에 자로가 퉁명스럽게 말합니다.

"백성들이 있고서야 종묘사직도 있는 법인데, 어찌하여 반드시 책을 읽을 연후에야 배웠다고 하겠습니까?"

공자께서 말씀하셨습니다.

"이래서 말재주만 있는 자를 싫어하는 것이란다."

子路使子羔爲費宰(자로사자고위비재). 子曰(자왈): "賊夫人之子(적부인지자)." 子路曰(자로왈): "有民人焉(유민인언), 有社稷焉(유사직언), 何必讀書(하필독서), 然後爲學(연후위학)?" 子曰(자왈): "是故惡夫佞者(시고오부녕자)."

11-24 너는 어찌하겠느냐?

자로 · 증석 · 염유 · 공서화가 공자를 모시고 앉아 있었습니다. 공자께서 말씀하셨습니다.

"내가 너희보다 나이가 조금 많지만 나를 그렇게 생각지 말거라. 너희는 평소에 '나를 알아주지 않는다'고 말하는데, 만약 누군가 너희를 알아주는 사람이 있다면 어떻게 하겠느냐?"

자로가 경솔하게 나서며 말했습니다.

"천승의 제후국이 대국들 사이에 끼어 있어서 침략을 당하고, 그로 인해 기근이 들더라도, 제가 그 나라를 다스려 삼 년이 될 무렵이면 백성들을 용맹스럽게 하고, 살아갈 방책을 알아낼 수 있습니다."

공자께서는 기가 찬 듯 웃으면서 말씀하셨습니다.

"구(염유)야, 너는 어찌하겠느냐?"

염유가 대답했습니다.

"사방 육칠십 리 혹은 오육십 리 되는 땅을 제가 다스린다면 삼 년이 지날 무렵이면 백성들을 풍족하게 할 수 있습니다. 하지만 그곳의 예법이나 음악에 관해서는 그대로 두고 군자를 기다리겠습니다."

"적(공서화)아, 넌 어찌하겠느냐?"

공서화가 대답했습니다.

"제가 할 수 있다고 말씀 드릴 순 없습니다만, 그 방법을 배우고 싶습니다. 종묘사직의 일과 제후들의 회동에 임할 때는 예복과 예모인 단장보(端章甫)를 쓰고 제사나 제후를 맞이할 때 의식을 진행하는 사람인 소상(小相)이 되기를 원합니다."

"점(증석)아, 너는 어찌하겠느냐?

거문고 타는 소리가 잦아들더니 쿵 소리와 함께 거문고를 밀어놓고 일어나 대답했습니다.

"저는 세 사람의 이야기와는 다릅니다."

공자께서 말씀하셨습니다.

"그게 무슨 상관이겠느냐? 또한 각자 자신의 뜻을 말한 것이지."

증석이 말했습니다.

"늦봄에 봄옷이 완성되면 관을 쓴 어른 대여섯과 어린 동자 예닐곱 명과 함께 기수에서 목욕하고, 기수의 언덕인 무우에서 바람을 쐬며 노랫가락을 읊조리다가 돌아오겠습니다."

공자께서는 감탄하며 말씀하셨습니다.

"나는 점(증석)과 함께하겠노라."

세 사람이 나가고 나자 증석이 남았다가, 공자께 여쭈었습니다.

"저 세 사람의 말은 어떻습니까?"

공자께서 말씀하셨습니다.

"이 또한 각자의 뜻을 말했을 뿐이란다."

"스승님께선 어찌하여 자로의 말에 기가 찬 듯 웃으셨습니까?"

"나라를 다스리는 건 예로써 해야 하는데, 그의 말이 겸손하지 않아서 기가 차서 웃었단다."

"그렇더라도 구(염유)가 말한 것은 나라를 다스리는 것이 아닙니까?"

"사방 육칠십 리 또는 오육십 리라고 해서 어찌 나라가 아니겠느냐?"

"적(공서화)이 말한 것은 나라를 다스리는 게 아닙니까?"

"종묘사직의 일과 회동하는 일이 제후의 일이 아니면 무엇이겠느냐? 공서화가 하는 일이 작다고 하면 무슨 일이 큰일이라고 하겠느냐?"

子路曾晳冉有公西華侍坐(자로증석염유공서화시좌). 子曰(자왈): "以吾一日長乎爾(이오일일장호이), 毋吾以也(무오이야). 居則曰(거즉왈): '不吾知也(불오지야)!' 如或知爾(여혹지이), 則何以哉(즉하이재)?" 子路率爾而對曰(자로솔이이대왈): "千乘之國(천승지국), 攝乎大國之間(섭호대국지간), 加之以師旅(가지이사려), 因之以饑饉(인지이기근), 由也爲之(유야위지), 比及三年(비급삼년), 可使有勇(가사유용), 且知方也(차지방야)." 夫子哂之(부자신지). "求(구)! 爾何如(이하여)?" 對曰(대왈): "方六七十(방육칠십), 如五六十(여오육십), 求也爲之(구야위지), 比及三年(비급삼년), 可使足民(가사족민). 如其禮樂(여기례악), 以俟君子(이사군자)." "赤(적)! 爾何如(이하여)?" 對曰(대왈): "非曰能之(비왈능지), 願學焉(원학언). 宗廟之事(종묘지사), 如會同(여회동), 端章甫(단장보), 願爲小相焉(원위소상언)." "點(점)! 爾何如(이하여)?" 鼓瑟希(고슬희), 鏗爾(갱이), 舍瑟而作(사슬이작), 對曰(대왈): "異乎三子者之撰(이호삼자자지찬)." 子曰(자왈): "何傷乎(하상호)? 亦各言其志也(역각언기지야)." 曰(왈): "莫春者(막춘자), 春服旣成(춘복기성), 冠者五六人(관자오륙인), 童子六七人(동자육칠인), 浴乎沂(욕호기), 風乎舞雩(풍호무우), 詠而歸(영이귀)." 夫子喟然歎曰(부자위연탄왈): "吾與點也(오여점야)!" 三子者出(삼자자출), 曾晳後(증석후). 曾晳曰(증석왈): "夫三子者之言何如(부삼자자지언하여)?" 子曰(자왈): "亦各言其志也已矣(역각언기지야이의)." 曰(왈): "夫子何哂由也(부자하신유야)?" 曰(왈): "爲國以禮(위국이례), 其言不讓(기언불양), 是故哂之(시고신지)." "唯求則非邦也與(유구즉비방야여)?" "安見方六七十如五六十而非邦也者(안견방육칠십여오육십이비방야자)?" "唯赤則非邦也與(유적즉비방야여)?" "宗廟會同(종묘회동), 非諸侯而何(비제후이하)? 赤也爲之小(적야위지소), 孰能爲之大(숙능위지대)?"

안연
顔淵

● ● ●

12-1 극기복례

안연이 인(仁)에 관해 여쭈었습니다. 공자께서 말씀하셨습니다.

"자기를 이겨내고 예로 돌아가는 것이 인이란다. 하루라도 자기를 이겨내고 예로 돌아가면, 천하 세상이 인으로 돌아갈 것이야. 인을 행하는 방법은 자기로부터 말미암은 것이지. 어찌 다른 사람으로부터 말미암겠느냐?"

안연이 여쭈었습니다.

"그 세부 항목을 여쭙겠습니다."

공자께서 말씀하셨습니다.

"예가 아니면 보지 말고, 예가 아니면 듣지 말며, 예가 아니면 말하지 말고, 예가 아니면 행동하지도 말거라."

안연이 말했습니다.

"제가 비록 영민하지는 못하지만, 청컨대 이 말씀을 받들겠습니다."

顏淵問仁(안연문인). 子曰(자왈): "克己復禮爲仁(극기복례위인). 一日克己復禮(일일극기복례), 天下歸仁焉(천하귀인언). 爲仁由己(위인유기), 而由人乎哉(이유인호재)?" 顏淵曰(안연왈): "請問其目(청문기목)." 子曰(자왈): "非禮勿視(비례물시), 非禮勿聽(비례물청), 非禮勿言(비례물언), 非禮勿動(비례물동)." 顏淵曰(안연왈): "回雖不敏(회수불민), 請事斯語矣(청사사어의)."

12-2 자기가 원하지 않은 것을 다른 사람에게 시키지 않아야 하지

중궁이 인에 대해 여쭈었습니다. 공자께서 말씀하셨습니다.

"집 문을 나서면 귀중한 손님을 뵙듯이 하고, 백성을 부릴 때는 큰 제사를 받들듯이 해야 한단다. 자기가 원하지 않은 것을 다른 사람에게 시키지 않아야 하지. 이렇게 하면 나라 안에 원망이 없고 집에서도 원망하는 사람이 없을 게야."

중궁이 말했습니다.

"제가 비록 영민하지는 못하지만, 이 말씀을 받들겠습니다."

仲弓問仁(중궁문인). 子曰(자왈): "出門如見大賓(출문여견대빈), 使民如承大祭(사민여승대제). 己所不欲(기소불욕), 勿施於人(물시어인). 在邦無怨(재방무원), 在家無怨(재가무원)." 仲弓曰(중궁왈): "雍雖不敏(옹수불민), 請事斯語矣(청사사어의)."

12-3 말을 하면서 신중하지 않을 수 있겠느냐?

사마우가 인에 관해 여쭈었습니다. 공자께서 말씀하셨습니다.

"어진 사람은 자신의 말에 신중하지."

사마우가 말했습니다.

"자신의 말에 신중하다면, 이 사람을 인하다고 할 수 있겠습니까?"

공자께서 말씀하셨습니다.

"그렇게 하는 게 어렵지. 말을 하면서 신중하지 않을 수 있겠느냐?"

司馬牛問仁(사마우문인). 子曰(자왈): "仁者(인자), 其言也訒(기언야인)." 曰(왈): "其言也訒(기언야인), 斯謂之仁已乎(사위지인이호)?" 子曰(자왈): "爲之難(위지난), 言之得無訒乎(언지득무인호)?"

12-4 내면을 살피어 괴롭지 않다면

사마우가 군자에 대해 여쭙자 공자께서 말씀하셨습니다.

"군자는 근심하지도 않고, 두려워하지도 않는단다."

다시 사마우가 여쭈었습니다.

"근심하지도 않고 두려워하지 않으면, 이 사람을 군자라고 할 수 있습니까?"

이에 공자께서 말씀하셨습니다.

"내면을 살피어 괴롭지 않다면, 무엇을 근심하고 무엇을 두려워하겠느냐?"

司馬牛問君子(사마우문군자). 子曰(자왈): "君子不憂不懼(군자불

우불구)." 曰(왈): "不憂不懼(불우불구), 斯謂之君子已乎(사위지군자이호)?" 子曰(자왈): "內省不疚(내성불구), 夫何憂何懼(부하우하구)?"

12-5 예를 갖춘다면

사마우가 근심어린 표정으로 말했습니다.

"남들은 모두 형제가 있는데, 저만 홀로 없습니다."

자하가 말했습니다.

"제가 듣기로는 '죽고 사는 것은 운명에 달려 있고, 잘살고 귀하게 되는 것은 하늘에 달려 있다'고 합니다. 군자가 공경심을 가지고 실수하는 법이 없고, 다른 사람을 공손하게 대한다면 세상 사람들이 모두가 형제입니다. 군자가 어찌 형제 없음을 걱정하겠습니까?"

司馬牛憂曰(사마우우왈): "人皆有兄弟(인개유형제), 我獨亡(아독망)." 子夏曰(자하왈): "商聞之矣(상문지의), 死生有命(사생유명), 富貴在天(부귀재천). 君子敬而無失(군자경이무실), 與人恭而有禮(여인공이유례). 四海之內(사해지내), 皆兄弟也(개형제야), 君子何患乎無兄弟也(군자하환호무형제야)?"

12-6 멀리 보는 것이라 할 수 있을 것

자장이 밝음에 대해 여쭈었습니다. 공자께서 말씀하셨습니다.

"서서히 스며드는 무고함이나 피부에 와 닿는 하소연이 행해지지 않는다면 밝음이라 할 수 있을 게야. 서서히 스며드는 무고함이나 피부에 와 닿는 하소연이 행해지지 않는다면 멀리 보는 것이라 할 수 있을 게야."

子張問明(자장문명). 子曰(자왈): "浸潤之譖(침윤지참), 膚受之愬 (부수지소), 不行焉(불행언), 可謂明也已矣(가위명야이의). 浸潤之譖 (침윤지참), 膚受之愬(부수지소), 不行焉(불행언), 可謂遠也已矣(가 위원야이의)."

12-7 백성들이 군주를 믿게 하는 것

자공이 정치에 대해 여쭈었습니다. 공자께서 말씀하셨습니다.

"식량을 충족시키는 것, 병장기를 확충하는 것, 백성들이 군주를 믿게 하는 것이란다."

자공이 여쭈었습니다.

"부득이 하게 버려야 한다면, 이 세 가지 중에서 어떤 것을 먼저 버려야겠습니까?"

공자께서 말씀하셨습니다.

"병장기를 버려야 하지."

자공이 여쭈었습니다.

"부득이 하게 버려야 한다면 이 두 가지 중에서 어떤 것을 먼저 버려야겠습니까?"

공자께서 말씀하셨습니다.

"식량을 버려야 한단다. 예부터 사람은 누구나 죽게 되지만, 백 성들의 믿음이 없다면 나라가 존립할 수 없기 때문이란다."

子貢問政(자공문정). 子曰(자왈): "足食(족식), 足兵(족병), 民信之 矣(민신지의)." 子貢曰(자공왈): "必不得已而去(필부득이이거), 於斯

三者何先(어사삼자하선)?"曰(왈): "去兵(거병)."子貢曰(자공왈): "必
不得已而去(필부득이이거), 於斯二者何先(어사이자하선)?"曰(왈):
"去食(거식). 自古皆有死(자고개유사), 民無信不立(민무신불립)."

12-8 꾸밈이 곧 자질이고

극자성(위나라의 대부)이 말했습니다.

"군자는 자질만 갖추고 있으면 그만이지, 무엇 때문에 꾸며댑니
까?"

자공이 말했습니다.

"애석하구려! 그대가 군자에 대해 하시는 말은 네 마리의 말이
끄는 수레도 선생의 혀를 따라가지 못하겠군요. 꾸밈이 곧 자질이
고, 자질이 곧 꾸밈입니다. 호랑이와 표범의 무두질한 가죽은 개와
양의 무두질한 가죽과 같습니다."

棘子成曰(극자성왈): "君子質而已矣(군자질이이의), 何以文爲(하
이문위)?"子貢曰(자공왈): "惜乎(석호), 夫子之說君子也(부자지설
군자야)! 駟不及舌(사불급설). 文猶質也(문유질야), 質猶文也(질유문
야). 虎豹之鞟猶犬羊之鞟(호표지곽유견양지곽)."

12-9 10분의 2로도 나는 오히려 부족한데

애공(노나라 군주)이 유약(공자의 제자)에게 물었습니다.

"어떤 해에 기근이 들어 재정이 부족하면 어떻게 하겠소?"
유약이 대답했습니다.

"어찌 균등하게 과세하는 철법(徹法)을 쓰지 않습니까?"

애공이 말했습니다.

"10분의 2로도 나는 오히려 부족한데, 어떻게 10분의 1을 과세하는 철법을 쓰라는 것이오?"

유약이 대답했습니다.

"백성이 풍족하다면 군주께서는 누구와 더불어 부족하겠습니까? 백성들이 부족하다면 군주께서는 누구와 더불어 풍족하시겠습니까?"

哀公問於有若曰(애공문어유약왈): "年饑(년기), 用不足(용부족), 如之何(여지하)?" 有若對曰(유약대왈): "盍徹乎(합철호)?" 曰(왈): "二(이), 吾猶不足(오유부족), 如之何其徹也(여지하기철야)?" 對曰(대왈): "百姓足(백성족), 君孰與不足(군숙여부족)? 百姓不足(백성부족), 君孰與足(군숙여족)?

12-10 충심과 믿음을 주로 하고

자장이 덕을 숭상하고 미혹을 분별하는 것에 관해 여쭈었습니다. 공자께서 말씀하셨습니다.

"충심과 믿음을 주로 하고, 의로움을 실천하는 것이 덕을 숭상하는 것이지. 사랑하면 그가 살기를 바라고, 미워하면 상대방이 죽기를 바란단다. 이미 그가 살기를 바라면서도 또 그가 죽기를 바라는 것이 바로 미혹된 것이지. '진실로 부유하게도 하지 못하고, 또한 다만 기이한 것을 취할 뿐이다'라는 시구절도 있단다."

子張問崇德辨惑(자장문숭덕변혹). 子曰(자왈): "主忠信(주충신), 徙義(사의), 崇德也(숭덕야). 愛之欲其生(애지욕기생), 惡之欲其死

(오지욕기사). 旣欲其生(기욕기생), 又欲其死(우욕기사), 是惑也(시혹야). '誠不以富(성불이부), 亦祗以異(역지이이)'."

12-11 아버지는 아버지다워야 하고

제나라 경공이 공자에게 정치에 대해 물었습니다. 공자께서 대답하셨습니다.

"임금은 임금다워야 하고, 신하는 신하다워야 하며, 아버지는 아버지다워야 하고, 자식은 자식다워야 합니다."

경공이 말했습니다.

"좋은 말씀이오. 진실로 임금이 임금답지 못하고, 신하가 신하답지 못하며, 아버지가 아버지답지 못하고, 자식이 자식답지 못하다면, 비록 곡식이 있을지라도 내가 어찌 그것을 얻어먹을 수 있겠소?"

齊景公問政於孔子(제경공문정어공자). 孔子對曰(공자대왈): "君君(군군), 臣臣(신신), 父父(부부), 子子(자자)." 公曰(공왈): "善哉(선재)! 信如君不君(신여군불군), 臣不臣(신불신), 父不父(부불부), 子不子(자부자), 雖有粟(수유속), 吾得而食諸(오득이식저)?"

12-12 하룻밤도 묵혀두는 법이 없으니

공자께서 말씀하셨습니다.

"한쪽의 말만 듣고 옥살이를 판결할 수 있는 사람은 아마도 유(자로)일 겁니다! 자로는 이미 판결한 것을 하룻밤도 묵혀두는 법이 없으니 말이지요."

子曰(자왈): "片言可以折獄者(편언가이절옥자), 其由也與(기유야
여)?" 子路無宿諾(자로무숙낙).

12-13 나는 반드시 소송이 없도록 할 것이야

공자께서 말씀하셨습니다.

"송사를 듣고 나도 다른 사람과 마찬가지로 판결을 내리겠지만,
나는 어떻게 해서든 반드시 소송이 없도록 할 겁니다!"

子曰(자왈): "聽訟(청송), 吾猶人也(오유인야). 必也使無訟乎(필
야사무송호)!"

12-14 관직에 머물 때는 게으르지 않고

자장이 정치에 대해 여쭈었습니다. 공자께서 말씀하셨습니다.

"관직에 머물 때는 게으르지 않고, 정사를 행할 때는 충심으로
펼쳐야 한단다."

子張問政(자장문정). 子曰(자왈): "居之無倦(거지무권), 行之以忠
(행지이충)."

12-15 학문을 널리 배우고

공자께서 말씀하셨습니다.

"학문을 널리 배우고, 예로써 단속한다면, 또한 도리에 어긋나지
않을 겁니다."

子曰(자왈): "博學於文(박학어문), 約之以禮(약지이례), 亦可以弗
畔矣夫(역가이불반의부)!"

12-16 군자는 다른 사람의 미덕을 이루게 하고

공자께서 말씀하셨습니다.

"군자는 다른 사람의 미덕을 이루게 하고, 다른 사람의 나쁜 점을 이루게 하지는 않습니다. 소인은 이와는 반대입니다."

子曰(자왈): "君子成人之美(군자성인지미), 不成人之惡(불성인지악). 小人反是(소인반시)."

12-17 정치라는 것은 바로잡는다는 뜻

계강자(노나라의 귀족)가 공자께 정치에 관해 물었습니다. 공자께서 대답하셨습니다.

"정치라는 것은 바로잡는다는 뜻입니다. 선생께서 올바르게 이끈다면 누가 감히 바르지 않겠습니까?"

季康子問政於孔子(계강자문정어공자). 孔子對曰(공자대왈): "政者(정자), 正也(정야). 子帥以正(자수이정), 孰敢不正(숙감부정)?"

12-18 욕심을 부리지 않는다면

계강자가 도둑들을 걱정하면서 공자께 물었습니다. 공자께서 대답하셨습니다.

"만약 선생께서 욕심을 부리지 않는다면, 비록 상을 주면서 하라고 해도 백성들은 도둑질을 하지 않을 겁니다."

季康子患盜(계강자환도), 問於孔子(문어공자). 孔子對曰(공자대왈): "苟子之不欲(구자지불욕), 雖賞之不竊(수상지부절)."

12-19 군자의 덕은 바람, 소인의 덕은 풀

계강자가 공자께 정치에 대해 물었습니다.

"만약 무도한 사람을 죽여서, 올바른 도리로 나아간다면 어떻겠습니까?"

공자께서 대답하셨습니다.

"선생께서는 정치를 하는 것에 어찌 살인이라는 방법을 쓰십니까? 선생께서 선해지려 한다면 백성들도 선해질 겁니다. 군자의 덕은 바람이고, 백성과 소인의 덕은 풀입니다. 풀 위로 바람이 불어오면 반드시 드러눕습니다."

季康子問政於孔子曰(계강자문정어공자왈): "如殺無道(여살무도), 以就有道(이취유도), 何如(하여)?" 孔子對曰(공자대왈): "子爲政(자위정), 焉用殺(언용살)? 子欲善而民善矣(자욕선이민선의). 君子之德風(군자지덕풍), 小人之德草(소인지덕초). 草上之風(초상지풍), 必偃(필언)."

12-20 이는 소문일 뿐 통달이 아니란다

자장이 여쭈었습니다.

"선비는 어떻게 해야 통달했다고 할 수 있습니까?"

공자께서 말씀하셨습니다.

"무엇이더냐? 네가 말하는 통달이라는 것이!"

자장이 대답했습니다.

"나라 안에서 반드시 소문이 나고, 가문 안에서도 소문이 나는 것입니다."

공자께서 말씀하셨습니다.

"이것은 소문일 뿐 통달이 아니란다. 통달이라는 것은 본바탕이 바르고 의로움을 좋아하며, 다른 사람의 말을 살피고 안색을 관찰하며, 생각으로써 자신을 남에게 낮추는 것이지. 그러니 나라 안에서도 반드시 통달하고 집 안에서도 반드시 통달하는 거란다. 소문이란 것은 겉으로는 인을 취하면서도 행동은 어긋나는데도, 스스로는 인하다고 믿어 의심하지 않는 거란다. 그런 사람은 나라 안에서도 반드시 소문이 나고 집 안에서도 반드시 소문이 나는 법이지."

子張問(자장문), "士何如斯可謂之達矣(사하여사가위지달의)?" 子曰(자왈): "何哉(하재), 爾所謂達者(이소위달자)?" 子張對曰(자장대왈): "在邦必聞(재방필문), 在家必聞(재가필문)." 子曰(자왈): "是聞也(시문야), 非達也(비달야). 夫達也者(부달야자), 質直而好義(질직이호의), 察言而觀色(찰언이관색), 慮以下人(여이하인). 在邦必達(재방필달), 在家必達(재가필달). 夫聞也者(부문야자), 色取仁而行違(색취인이행위), 居之不疑(거지불의). 在邦必聞(재방필문), 在家必聞(재가필문)."

12-21 일을 먼저 하고 얻는 것을 나중에 생각한다면

번지가 무우 땅 아래에서 공자를 따라 노닐다가 여쭈었습니다.

"감히 덕을 숭상하는 것, 사특한 생각을 고쳐 수양하는 것, 미혹됨을 분별하는 것에 관해 여쭙고자 합니다."

공자께서 말씀하셨습니다.

"좋은 질문이구나! 일을 먼저 하고 얻는 것을 나중에 생각한다면 그것이 덕을 숭상하는 것이 아니겠느냐? 자신의 나쁜 점을 고치려 하고 다른 사람의 나쁜 점을 탓하지 않는 것이, 사특한 생각을 고쳐 수양하는 것 아니겠느냐? 한순간의 분노로 자신을 잊고 자신의 부모님에게까지 그 화가 미치게 된다면, 그것이 바로 미혹이 아니겠느냐?"

樊遲從遊於舞雩之下(번지종유어무우지하), 曰(왈): "敢問崇德(감문숭덕), 脩慝(수특), 辨惑(변혹)." 子曰(자왈): "善哉問(선재문)! 先事後得(선사후득), 非崇德與(비숭덕여)? 攻其惡(공기악), 無攻人之惡(무공인지악), 非脩慝與(비수특여)? 一朝之忿(일조지분), 忘其身以及其親(망기신이급기친), 非惑與(비혹여)?"

12-22 사람을 사랑하는 것이란다

번지가 인(仁)에 관해 여쭈었습니다. 공자께서 말씀하셨습니다.

"사람을 사랑하는 것이란다."

또 지(知)에 대해 여쭙자 공자께서 말씀하셨습니다.

"다른 사람을 아는 것이지."

번지가 깨닫지 못하자 공자께서 말씀하셨습니다.

"정직한 사람을 천거하여 비뚤어진 사람 위에 두어, 비뚤어진 사람으로 하여금 바르게 되도록 하는 거란다."

번지가 물러나와 자하를 만나자 말했습니다.

"좀 전에 제가 스승님을 뵙고 지혜에 대해 여쭈었는데, 스승님께서는 '정직한 사람을 천거하여 비뚤어진 사람 위에 두어, 비뚤어진 사람으로 하여금 바르게 되도록 하는 것'이라고 하셨는데, 무슨 말일까요?"

자하가 말했습니다.

"뜻이 넓고 큰 말씀이군요! 순임금이 천하를 차지하고 여러 사람 중에서 고요를 뽑아 등용하니 인하지 않았던 사람들이 멀어졌던 겁니다. 탕임금이 천하를 차지하고 여러 사람 중에서 이윤을 뽑아 등용하니 인하지 않은 자들이 멀어졌답니다."

樊遲問仁(번지문인). 子曰(자왈): "愛人(애인)." 問知(문지). 子曰(자왈): "知人(지인)." 樊遲未達(번지미달). 子曰(자왈): "擧直錯諸枉(거직착저왕), 能使枉者直(능사왕자직)." 樊遲退(번지퇴), 見子夏曰(견자하왈): "鄕也吾見於夫子而問知(향야오견어부자이문지), 子曰(자왈): '擧直錯諸枉(거직착저왕), 能使枉者直(능사왕자직)', 何謂也(하위야)?" 子夏曰(자하왈): "富哉言乎(부재언호)! 舜有天下(순유천하), 選於衆(선어중), 擧皐陶(거고요), 不仁者遠矣(불인자원의). 湯有天下(탕유천하), 選於衆(선어중), 擧伊尹(거이윤), 不仁者遠矣(불인자원의)."

12-23 충심으로 잘 이끌어주고

자공이 벗에 관해 여쭈었습니다. 공자께서 말씀하셨습니다.

"충심으로 잘 이끌어주고, 그것을 할 수 없다면 그만두어야지, 스스로를 욕되게 하지 말아야 한단다."

子貢問友(자공문우). 子曰(자왈), "忠告而善道之(충고이선도지), 不可則止(불가즉지), 毋自辱焉(무자욕언)."

12-24 군자는 학문으로써 벗을 모으고

증자가 말했습니다.

"군자는 학문으로써 벗을 모으고, 벗을 통해 인을 보완합니다."

曾子曰(증자왈): "君子以文會友(군자이문회우), 以友輔仁(이우보인)."

자로
子路

· · ·

13-1 게으름이 없어야

자로가 정치에 대해 여쭈었습니다. 공자께서 말씀하셨습니다.

"먼저 앞장서고 열심히 일해야 한다."

자로가 좀 더 말씀해 주시기를 요청했습니다. 공자께서 말씀하셨습니다.

"게으름이 없어야 한단다."

子路問政(자로문정). 子曰(자왈): "先之勞之(선지노지)." 請益(청익). 曰(왈): "無倦(무권)."

13-2 네가 아는 사람을 등용하여라

중궁이 계씨의 가신이 되어 정치에 대해 여쭈었습니다. 공자께서 말씀하셨습니다.

"담당 관리인 유사를 앞세우고, 작은 허물은 용서해 주며, 현명한 인재를 등용하여라."

중궁이 다시 여쭈었습니다.

"어떻게 현명한 인재를 알아보고 그를 등용합니까?"

공자께서 말씀하셨습니다.

"네가 아는 사람을 등용하여라. 네가 알지 못하는 사람을 다른 사람들이 내버려두었겠느냐?"

仲弓爲季氏宰(중궁위계씨재), 問政(문정). 子曰(자왈): "先有司(선유사), 赦小過(사소과), 擧賢才(거현재)." 曰(왈): "焉知賢才而擧之(언지현재이거지)?" 曰(왈): "擧爾所知(거이소지). 爾所不知(이소부지), 人其舍諸(인기사저)?"

13-3 반드시 명분을 바로 잡아라

자로가 여쭈었습니다.

"위나라 임금이 스승님을 우대하여 정치를 맡기시면, 스승님께선 무엇을 먼저 하시겠습니까?"

공자께서 말씀하셨습니다.

"반드시 명분을 바로잡으리라!"

자로가 말했습니다.

"이렇다니까요. 스승님께선 현실과는 너무 멀리 떨어져 있습니다. 무엇을 바로잡는다는 겁니까?"

공자께서 말씀하셨습니다.

"너무 천하고 거칠구나, 자로야! 군자는 자기가 알지 못하는 건 대체로 남겨두는 법이란다. 명분이 바르지 못하면 말이 이치에 맞지 않게 되지. 말이 이치에 맞지 않으면 일이 이루지지 않는 법이란다. 일이 이루어지지 않으면 예와 악이 일어나지 않고, 예악이 일어나지 않으면 형벌이 이치에 들어맞지 않게 되지. 형벌이 이치에 들어맞지 않으면 백성들은 손발을 둘 데가 없게 된단다. 그렇기 때문에 군자는 명분을 세울 때는 반드시 말할 수 있어야 하고, 말을 할 때는 반드시 실행할 수 있어야 하는 법이지. 군자는 그 말에 대해 어물어물 행하는 것이 없도록 할 뿐이란다."

子路曰(자로왈): "衛君待子而爲政(위군대자이위정), 子將奚先(자장해선)?" 子曰(자왈): "必也正名乎(필야정명호)!" 子路曰(자로왈): "有是哉(유시재), 子之迂也(자지우야)! 奚其正(해기정)?" 子曰(자왈): "野哉(야재), 由也(유야)! 君子於其所不知(군자어기소부지), 蓋闕如也(개궐여야). 名不正(명부정), 則言不順(즉언불순), 言不順(언불순), 則事不成(즉사불성), 事不成(사불성), 則禮樂不興(즉례악불흥), 禮樂不興(례악불흥), 則刑罰不中(즉형벌부중), 刑罰不中(형벌부중), 則民無所錯手足(즉민무소착수족). 故君子名之必可言也(고군자명지필가언야), 言之必可行也(언지필가행야). 君子於其言(군자어기언), 無所苟而已矣(무소구이이의)."

13-4 농사짓는 법을 어디에 쓰겠는가?

번지가 농사짓는 법을 배우기를 청했습니다. 공자께서는 말씀하셨습니다.

"나는 늙은 농사꾼만 못하단다."

번지가 채소 기르는 법을 배우기를 청했습니다. 공자께서 말씀하셨습니다.

"나는 채소를 기르는 노인만 못하단다."

번지가 나가자 공자께서 말씀하셨습니다.

"소인배로구나, 번수(번지)여! 윗사람이 예를 좋아하면 백성들이 감히 공경하지 않을 수 없고, 윗사람이 의로움을 좋아하면 백성들은 복종하지 않을 수 없으며, 윗사람이 신의를 좋아하면 백성들은 감히 진정으로 행하지 않을 수 없지. 이렇게만 한다면 사방에서 백성들이 자식을 강보에 싸 업고 찾아올 것인데, 농사짓는 법을 어디에 쓰겠는가?"

樊遲請學稼(번지청학가). 子曰(자왈): "吾不如老農(오불여로농)." 請學爲圃(청학위포). 曰(왈): "吾不如老圃(오불여로포)." 樊遲出(번지출). 子曰(자왈): "小人哉(소인재), 樊須也(번수야)! 上好禮(상호례), 則民莫敢不敬(즉민막감불경), 上好義(상호의), 則民莫敢不服(즉민막감불복), 上好信(상호신), 則民莫敢不用情(즉민막감불용정). 夫如是(부여시), 則四方之民襁負其子而至矣(즉사방지민강부기자이지의), 焉用稼(언용가)?"

13-5 시 삼백 편을 외우고 있어도

공자께서 말씀하셨습니다.

"시 삼백 편을 외우고 있어도, 정치를 맡겼을 때 통달하지 못하고, 외국에 사신으로 보냈을 때 응대하지 못한다면, 아무리 많이

외운들 또한 무슨 소용이 있겠습니까?"

子曰(자왈): "誦詩三百(송시삼백), 授之以政(수지이정), 不達(부달), 使於四方(사어사방), 不能專對(불능전대), 雖多(수다), 亦奚以爲(역해이위)?"

13-6 명령을 내리지 않아도 행하고

공자께서 말씀하셨습니다.

"그 자신이 바르면 군주가 명령을 내리지 않아도 행하고, 그 자신이 바르지 않으면 비록 명령을 내려도 따르지 않을 겁니다."

子曰(자왈): "其身正(기신정), 不令而行(불령이행), 其身不正(기신부정), 雖令不從(수령부종)."

13-7 노나라와 위나라의 정치

공자께서 말씀하셨습니다.

"노나라와 위나라의 정치는 형제간입니다."

子曰(자왈): "魯衛之政(노위지정), 兄弟也(형제야)."

13-8 그런대로 훌륭해졌다

공자께서는 위나라 공자 형(荊)을 다음과 같이 평가했습니다.

"그는 집에서 검소하게 잘 지냈습니다. 처음에 재산을 모을 때는 '그런대로 모아졌다'고 말했고, 다소 모아지고 나서는 '대체로 완비되었다'고 말했으며, 부유하게 되자 '그런대로 훌륭해졌다'고 말했습니다."

子謂衛公子荊(자위위공자형), "善居室(선거실). 始有(시유), 曰(왈): '苟合矣(구합의).' 少有(소유), 曰(왈): '苟完矣(구완의).' 富有(부유), 曰(왈): '苟美矣(구미의).'"

13-9 공자와 염유의 생각

공자께서 위나라에 가실 때 염유가 마차를 몰았습니다. 공자께서 말씀하셨습니다.

"백성들이 많구나!"

염유가 여쭈었습니다.

"이미 많아졌는데, 또 무엇을 더해야 합니까?"

공자께서 말씀하셨습니다.

"부유하게 해주어야 한단다."

염유가 여쭈었습니다.

"이미 부유해졌는데, 또 무엇을 더해야 합니까?"

공자께서 말씀하셨습니다.

"가르쳐야 한단다."

子適衛(자적위), 冉有僕(염유복). 子曰(자왈): "庶矣哉(서의재)!" 冉有曰(염유왈): "旣庶矣(기서의), 又何加焉(우하가언?)" 曰(왈): "富之(부지)." 曰(왈): "旣富矣(기부의), 又何加焉(우하가언)? 曰(왈): "敎之(교지)."

13-10 나를 등용하는 사람이 있다면

공자께서 말씀하셨습니다.

"만일 나를 등용하는 사람이 있다면 1년이면 괜찮아질 것이고, 3년이면 성과가 있을 겁니다."

子曰(자왈): "苟有用我者(구유용아자), 期月而已可也(기월이이가야), 三年有成(삼년유성)."

13-11 선한 사람이 나라를 백 년 동안 다스리면

공자께서 말씀하셨습니다.

"'선한 사람이 나라를 백 년 동안 다스리면, 또한 잔혹함을 억누르고 살육을 없앨 수 있다'고 하니, 정말입니다, 이 말은요!"

子曰(자왈): "善人爲邦百年(선인위방백년), 亦可以勝殘去殺矣(역가이승잔거살의).' 誠哉是言也(성재시언야)!"

13-12 설사 왕도를 행하는 사람이 있더라도

공자께서 말씀하셨습니다.

"설사 왕도를 행하는 사람이 있더라도 반드시 한 세대가 지난 후에야 인덕이 행해질 겁니다."

子曰(자왈): "如有王者(여유왕자), 必世而後仁(필세이후인)."

13-13 진실로 그 자신을 바르게 하면

공자께서 말씀하셨습니다.

"진실로 그 자신을 바르게 하면 정치에 종사하는 데 무슨 어려움이 있겠습니까? 그 자신의 몸을 바르게 하지 못한다면 다른 사람을 어떻게 바로잡을 수 있겠습니까?"

子曰(자왈): "苟正其身矣(구정기신의), 於從政乎何有(어종정호하유)? 不能正其身(불능정기신), 如正人何(여정인하)?"

13-14 비록 내가 등용되지 않았더라도

염자가 조정에서 퇴궐해 돌아왔습니다. 공자께서 말씀하셨습니다.

"어찌 이리 늦은 게냐?"

염자가 대답했습니다.

"정사가 있었습니다."

공자께서 말씀하셨습니다.

"계씨 집안의 사사로운 일이었을 것이야. 만일 나라에 정사가 있었다면 비록 내가 등용되지 않았더라도, 나도 참여하여 그것을 들었을 게야."

冉子退朝(염자퇴조). 子曰(자왈): "何晏也(하안야)?" 對曰(대왈): "有政(유정)." 子曰(자왈): "其事也(기사야). 如有政(여유정), 雖不吾以(수불오이), 吾其與聞之(오기여문지)."

13-15 나라를 거의 망하게 할 수 있지 않겠습니까?

노나라 임금 정공이 물었습니다.

"한마디 말로 나라를 흥성하게 할 수도 있다는데, 그런 일이 있습니까?"

공자께서 대답하셨습니다.

"그런 말이란 그런 식으로 기약할 수는 없습니다. 사람들의 말에

'임금 노릇하기도 어렵고, 신하 노릇하기도 쉽지 않다'고 합니다. 만약 임금 노릇하기가 어렵다는 걸 안다면, 한마디로 나라를 흥성하게 하는 데 가깝지 않겠습니까?"

정공이 물었습니다.

"한마디로 나라를 망하게 할 수도 있다는데, 그런 일이 있습니까?"

공자께서 대답하셨습니다.

"그런 말이란 그런 식으로 기약할 수는 없는 법입니다. 사람들의 말에 '내가 임금 노릇하는 게 즐거운 것이 아니라 오직 내가 하는 말에 나를 거스르지 못한다'는 데 있습니다. 만약 그 말이 선하여 아무도 거스르지 않는다면 또한 선한 게 아니겠습니까? 만약 선하지 않는데도 아무도 거스르지 않는다면, 한마디로 나라를 거의 망하게 할 수 있지 않겠습니까?"

定公問(정공문), "一言而可以興邦(일언이가이흥방), 有諸(유저)?" 孔子對曰(공자대왈): "言不可以若是其幾也(언불가이약시기기야). 人之言曰(인지언왈): '爲君難(위군난), 爲臣不易(위신불이).' 如知爲君之難也(여지위군지난야), 不幾乎一言而興邦乎(불기호일언이흥방호)?" 曰(왈): "一言而喪邦(일언이상방), 有諸(유저)?" 孔子對曰(공자대왈): "言不可以若是其幾也(언불가이약시기기야). 人之言曰(인지언왈): '予無樂乎爲君(여무락호위군), 唯其言而莫予違也(유기언이막여위야).' 如其善而莫之違也(여기선이막지위야), 不亦善乎(불역선호)? 如不善而莫之違也(여불선이막지위야), 不幾乎一言而喪邦乎(불기호일언이상방호)?"

13-16 멀리 있는 사람은 찾아오게 하는 겁니다

섭공이 정치에 대해 물었습니다. 공자께서 말씀하셨습니다.

"가까이 있는 사람은 기쁘게 하고, 멀리 있는 사람은 찾아오게 하는 겁니다."

葉公問政(섭공문정). 子曰(자왈): "近者說(근자열), 遠者來(원자래)."

13-17 서두르면 도달하지 못하고

자하가 거보라는 고을의 우두머리가 되어 정치에 대해 여쭈었습니다. 공자께서 말씀하셨습니다.

"서두르지 말고, 작은 이익을 보려 하지 말거라. 서두르면 도달하지 못하고, 작은 이익을 보려고 하면 큰일을 이루지 못한단다."

子夏爲莒父宰(자하위거보재), 問政(문정). 子曰(자왈): "無欲速(무욕속), 無見小利(무견소리). 欲速(욕속), 則不達(즉부달), 見小利(견소리), 則大事不成(즉대사불성)."

13-18 정직함이 그 가운데 있답니다

섭공이 공자에게 말했습니다.

"우리 마을에 몸가짐이 바른 자가 있는데, 그 아버지가 양을 훔치자 아들이 그것을 고발했답니다."

공자께서 말씀하셨습니다.

"우리 마을의 정직한 사람은 그와는 다릅니다. 아버지는 아들을 위해 숨겨주고, 아들은 아버지를 위해 숨겨주지만 정직함이 그 가운데 있답니다."

葉公語孔子曰(섭공어공자왈): "吾黨有直躬者(오당유직궁자), 其
父攘羊(기부양양), 而子證之(이자증지)." 孔子曰(공자왈): "吾黨之
直者異於是(오당지직자이어시), 父爲子隱(부위자은), 子爲父隱(자위
부은). 直在其中矣(직재기중의)."

13-19 일을 행할 때는 신중하며

번지가 인에 대해 여쭈었습니다. 공자께서 말씀하셨습니다.

"평소에 거처에서는 공손하고, 일을 행할 때는 신중하며, 다른
사람과 만날 때는 진실해야 한단다. 비록 오랑캐 땅에 가더라도 이
것들을 포기해서는 아니 되지."

樊遲問仁(번지문인). 子曰(자왈): "居處恭(거처공), 執事敬(집사
경), 與人忠(여인충). 雖之夷狄(수지이적), 不可棄也(불가기야)."

13-20 자기 행실을 부끄러워할 줄 알고

자공이 여쭈었습니다.

"어떠해야 선비라고 할 수 있습니까?"

공자께서 말씀하셨습니다.

"자기 행실을 부끄러워할 줄 알고, 다른 나라에 사신으로 가서도
임금의 명을 욕되게 하지 않는다면 선비라고 할 수 있단다."

자공이 여쭈었습니다.

"감히 그 다음 단계를 여쭙겠습니다."

공자께서 말씀하셨습니다.

"일가친척들이 효성스럽다고 칭찬하고 마을 사람들이 형제가 우애가 있다고 칭찬하는 것이란다."

자공이 여쭈었습니다.

"감히 그 다음 단계를 여쭙겠습니다."

공자께서 말씀하셨습니다.

"말에는 반드시 신뢰가 있어야 하고 행동에 결과가 따른다면, 꽉 막힌 소인배일지라도 또한 그 다음 수준은 될 수 있다고 할 것이야."

자공이 여쭈었습니다.

"오늘날 정치에 종사하는 사람들은 어떻습니까?"

공자께서 말씀하셨습니다.

"아! 한 말 두 되 정도 그릇의 사람들이니 어찌 헤아릴 가치가 있겠느냐?"

子貢問曰(자공문왈): "何如斯可謂之士矣(하여사가위지사의)?" 子曰(자왈): "行己有恥(행기유치), 使於四方(사어사방), 不辱君命(불욕군명), 可謂士矣(가위사의)." 曰(왈): "敢問其次(감문기차)." 曰(왈): "宗族稱孝焉(종족칭효언), 鄕黨稱弟焉(향당칭제언)." 曰(왈): "敢問其次(감문기차)." 曰(왈): "言必信(언필신), 行必果(행필과), 硜硜然小人哉(갱갱연소인재)! 抑亦可以爲次矣(억역가이위차의)." 曰(왈): "今之從政者何如(금지종정자하여)?" 子曰(자왈): "噫(희)! 斗筲之人(두소지인), 何足算也(하족산야)?"

13-21 광적인 사람은 진취적이고

공자께서 말씀하셨습니다.

"중용의 도를 행하는 사람과 함께할 수 없다면, 반드시 광적인 사람이나 고지식한 사람을 택할 겁니다. 광적인 사람은 진취적이고 고지식한 사람은 하지 않는 바가 있기 때문입니다."

子曰(자왈): "不得中行而與之(부득중행이여지), 必也狂狷乎(필야광견호)! 狂者進取(광자진취), 狷者有所不爲也(견자유소불위야)."

13-22 무당이나 의원 노릇도 할 수 없다

공자께서 말씀하셨습니다.

"남쪽 사람들의 말에 '사람으로서 한결같은 마음(恒心)이 없다면, 무당이나 의원 노릇도 할 수 없다'고 하였는데 좋은 말입니다. 『역경』의 항괘 효사에 '그 덕을 한결같게 하지 않으면 혹시 수치스러운 일을 당할지도 모른다'고 하였습니다."

공자께서 말씀하셨습니다.

"점을 치지 않을 따름입니다."

子曰(자왈): "南人有言曰(남인유언왈), '人而無恒(인이무항), 不可以作巫醫(불가이작무의).' 善夫(선부)!" "不恒其德(불항기덕), 或承之羞(혹승지수)." 子曰(자왈): "不占而已矣(부점이이의)."

13-23 군자는 사람들과 조화를 이루고

공자께서 말씀하셨습니다.

"군자는 사람들과 조화를 이루지만 부화뇌동하지는 않고, 소인은 부화뇌동하지만 사람들과 조화를 이루지는 못합니다."

子曰(자왈): "君子和而不同(군자화이부동), 小人同而不和(소인동이불화)."

13-24 아직은 안 된다

자공이 여쭈었습니다.

"마을 사람들이 모두 그를 좋아하면 어떻습니까?"

공자께서 말씀하셨습니다.

"아직은 안 된다."

"마을 사람들 모두가 그를 미워하면 어떻습니까?"

공자께서 말씀하셨습니다.

"아직은 안 된다. 마을 사람들 가운데 선한 사람이 그를 좋아하고, 선하지 않은 사람이 그를 미워하는 것만 못하단다."

子貢問曰(자공문왈): "鄕人皆好之(향인개호지), 何如(하여)?" 子曰(자왈): "未可也(미가야)." "鄕人皆惡之(향인개오지), 何如(하여)?" 子曰(자왈): "未可也(미가야), 不如鄕人之善者好之(불여향인지선자호지), 其不善者惡之(기불선자오지)."

13-25 사람을 부릴 때는

공자께서 말씀하셨습니다.

"군자는 섬기기는 쉬워도 기쁘게 하기는 어렵습니다. 그를 기쁘게 할 때 도로써 하지 않으면 기뻐하지 않습니다. 그러나 사람을 부릴 때는 그 사람의 그릇에 따릅니다. 소인은 섬기기는 어려워도 기쁘게 하기는 쉽습니다. 그를 기쁘게 할 때 비록 도로써 하지 않아도 기뻐합니다. 그러나 그가 사람을 부릴 때는 온갖 것을 갖출 것을 요구합니다."

子曰(자왈): "君子易事而難說也(군자이사이난열야). 說之不以道 (열지불이도), 不說也(불열야), 及其使人也(급기사인야), 器之(기지). 小人難事而易說也(소인난사이이열야). 說之雖不以道(열지수불이도), 說也(열야), 及其使人也(급기사인야), 求備焉(구비언)."

13-26 군자는 태연하되 교만하지 않고

공자께서 말씀하셨습니다.

"군자는 태연하되 교만하지 않고, 소인은 교만하되 태연하지는 않습니다."

子曰(자왈): "君子泰而不驕(군자태이불교), 小人驕而不泰(소인교이불태)."

13-27 어눌함은 인에 가깝다

공자께서 말씀하셨습니다.

"강직함, 의연함, 질박함, 어눌함은 인에 가깝습니다."

子曰(자왈): "剛毅木訥近仁(강의목눌근인)."

13-28 벗 사이에는 절절하게 충고하고

자로가 여쭈었습니다.

"어떻게 하면 선비라 할 수 있습니까?"

공자께서 말씀하셨습니다.

"서로 절절하게 충고하고 독려하며 화기애애하다면 선비라고 할 수 있을 게다. 벗 사이에는 절절하게 충고하고, 형제간에는 화기애애해야 하지."

子路問曰(자로문왈):"何如斯可謂之士矣(하여사가위지사의)?"子曰(자왈):"切切偲偲(절절시시), 怡怡如也(이이여야), 可謂士矣(가위사의). 朋友切切偲偲(붕우절절시시), 兄弟怡怡(형제이이)."

13-29 백성을 7년 동안 가르치면

공자께서 말씀하셨습니다.

"선한 사람이 백성을 7년 동안 가르치면 또한 불의를 징벌하는 전쟁에 나아가게 할 수 있을 겁니다."

子曰(자왈):"善人敎民七年(선인교민칠년), 亦可以卽戎矣(역가이즉융의)."

13-30 전쟁을 치르게 하는 것

공자께서 말씀하셨습니다.

"가르치지 않은 백성들로 전쟁을 치르게 하는 것, 이를 일러 그들을 버리는 것이라고 할 수 있을 겁니다."

子曰(자왈):"以不敎民戰(이불교민전), 是謂棄之(시위기지)."

헌문
憲問

· · ·

14-1 내 아직 알 수 없구나

원헌(原憲)이 부끄러움에 관해 여쭈었습니다. 공자께서 말씀하셨습니다.

"나라에 도가 있으면 녹봉을 받아도 되겠지만, 나라에 도가 없는데도 물러나지 않고 녹봉을 받는 것은 부끄러운 일이란다."

원헌이 여쭈었습니다.

"남을 이기고 자신을 뽐내며, 남을 원망하고 욕심을 부리는 행위를 하지 않는다면 인(仁)이라 할 수 있습니까?"

공자께서 말씀하셨습니다.

"실행하기가 어렵다고 할 수 있겠지만, 그것이 인인지는 내 아직 알 수 없구나."

憲問恥(헌문치). 子曰(자왈): "邦有道(방유도), 穀(곡), 邦無道(방무도), 穀(곡), 恥也(치야)." "克伐怨欲不行焉(극벌원욕불행언), 可以爲仁矣(가이위인의)?" 子曰(자왈): "可以爲難矣(가이위난의), 仁則吾不知也(인즉오부지야)."

14-2 선비가 되기엔 부족함이 있습니다

공자께서 말씀하셨습니다.

"선비가 편안하게 살기만을 생각하고 있다면 선비가 되기엔 부족함이 있습니다."

子曰(자왈): "士而懷居(사이회거), 不足以爲士矣(부족이위사의)."

14-3 바르게 말하고 행동하며

공자께서 말씀하셨습니다.

"나라에 도가 있으면 바르게 말하고 행동해야 하며, 나라에 도가 없으면 바르게 행동하되 말은 공손하게 해야 합니다."

子曰(자왈): "邦有道(방유도), 危言危行(위언위행), 邦無道(방무도), 危行言孫(위행언손)."

14-4 어진 사람은 반드시 용기가 있지만

공자께서 말씀하셨습니다.

"덕이 있는 사람은 반드시 좋은 말을 하지만, 말을 잘하는 사람이 반드시 덕이 있는 것은 아니랍니다. 어진 사람은 반드시 용기가 있지만, 용기가 있는 자라고 해서 반드시 어질지는 않습니다."

子曰(자왈): "有德者必有言(유덕자필유언), 有言者不必有德(유언자불필유덕). 仁者必有勇(인자필유용), 勇者不必有仁(용자불필유인)."

14-5 군자답구나, 이 사람은!

남궁괄(노나라 대부)이 공자께 여쭈었습니다.

"예(羿, 궁술의 명인)는 활쏘기에 뛰어났고, 오(奡, 하나라의 장사)는 땅에서 배를 끌고 다닐 만큼 힘이 넘쳤지만 둘 다 제명대로 살지 못하고 죽었습니다. 우임금과 순임금의 신하 직(稷, 주나라의 시조)은 몸소 농사를 지었는데도 천하를 소유했습니다."

공자께서는 아무런 대답도 하지 않았습니다. 이윽고 남궁괄이 나가자 공자께서 말씀하셨습니다.

"군자답구나, 이 사람은! 덕을 숭상하는구나, 이 사람은!"

南宮适問於孔子曰(남궁괄문어공자왈): "羿善射(예선사), 奡盪舟(오탕주), 俱不得其死然(구부득기사연). 禹稷躬稼而有天下(우직궁가이유천하)." 夫子不荅(부자부답). 南宮适出(남궁괄출), 子曰(자왈): "君子哉若人(군자재약인)! 尙德哉若人(상덕재약인)!"

14-6 소인이면서 인(仁)한 사람은 없었습니다

공자께서 말씀하셨습니다.

"군자이면서 인(仁)하지 못한 사람은 있었으나, 소인이면서 인한 사람은 없었습니다."

子曰(자왈): "君子而不仁者有矣夫(군자이불인자유의부), 未有小人而仁者也(미유소인이인자야)."

14-7 진심으로 위한다면

공자께서 말씀하셨습니다.

"사랑한다고 해서 수고롭게 하지 않을 수 있겠습니까? 진심으로 위한다면 깨우치게 하지 않을 수 있겠습니까?"

子曰(자왈): "愛之(애지), 能勿勞乎(능물로호)? 忠焉(충언), 能勿誨乎(능물회호)?"

14-8 명(命)을 작성할 때

공자께서 말씀하셨습니다.

"명(命, 정나라의 외교문서)을 작성할 때 대부 비심(裨諶)이 초안을 만들었고, 대부 세숙(世叔)이 그것에 대해 토론하였으며, 외교관인 자우(子羽)가 그것을 다듬었고, 동리에 사는 재상 자산(子産)이 보다 매끄럽게 다듬었답니다."

子曰(자왈): "爲命(위명), 裨諶草創之(비심초창지), 世叔討論之(세숙토론지), 行人子羽脩飾之(행인자우수식지), 東里子産潤色之(동리자산윤색지)."

14-9 세 인물에 대한 평가

어떤 사람이 자산(정나라 재상)에 대해 물었습니다. 공자께서 말씀하셨습니다.

"은혜로운 사람이지요."

계속해서 자서에 대해 물었습니다. 공자께서 말씀하셨습니다.

"그저 그런 사람이지요! 그저 그런 사람이랍니다!"

뒤이어 관중에 대해 물었습니다. 공자께서 말씀하셨습니다.

"인물이지요. 백씨(제나라 대부)의 병읍 땅 3백 호를 빼앗았는데, 백씨는 거친 밥을 먹으면서도 죽을 때까지 원망하는 말을 하지 않았답니다."

或問子産(혹문자산). 子曰(자왈): "惠人也(혜인야)." 問子西(문자서). 曰(왈): "彼哉(피재)! 彼哉(피재)!" 問管仲(문관중). 曰(왈): "人也(인야). 奪伯氏騈邑三百(탈백씨병읍삼백), 飯疏食(반소식), 沒齒無怨言(몰치무원언)."

14-10 원망과 교만이란

공자께서 말씀하셨습니다.

"가난하면서 원망하지 않기는 어렵지만, 부유하면서 교만하지 않기는 쉽습니다."

子曰(자왈): "貧而無怨難(빈이무원난), 富而無驕易(부이무교역)."

14-11 맹공작에 대한 인물평

공자께서 말씀하셨습니다.

"맹공작(노나라의 대부)은 조씨나 위씨의 가신이 되기에는 넉넉하지만, 작은 나라인 등나라나 설나라의 대부가 될 수는 없습니다."

子曰(자왈): "孟公綽爲趙魏老則優(맹공작위조위로칙우), 不可以爲滕薛大夫(불가이위등설대부)."

14-12 인격이 완성된 사람

자로가 인격이 완성된 사람에 대해 여쭈었습니다. 공자께서 말씀하셨습니다.

"만약 장무중(노나라 대부)의 지혜와 맹공작의 청렴, 변장자의 용기와 염구의 재주와 같은 예악으로 꾸민다면 또한 완성된 사람이라 할 수 있을 것이야."

계속해서 공자께서 말씀하셨습니다.

"오늘날의 인격이 완성된 사람(成人)이라고 어찌 꼭 그러해야만 하겠느냐? 이익을 보면 의로움을 생각하고, 위험을 보면 목숨을 바치며, 오래전의 약속일지라도 평생 잊지 않는다면 또한 인격이 완성된 사람이라 할 수 있을 게다."

子路問成人(자로문성인). 子曰(자왈):"若臧武仲之知(약장무중지지), 公綽之不欲(공작지불욕), 卞莊子之勇(변장자지용), 冉求之藝(염구지예), 文之以禮樂(문지이례악), 亦可以爲成人矣(역가이위성인의)."曰(왈):"今之成人者何必然(금지성인자하필연)? 見利思義(견리사의), 見危授命(견위수명), 久要不忘平生之言(구요불망평생지언), 亦可以爲成人矣(역가이위성인의)."

14-13 어떻게 그럴 수 있단 말입니까?

공자께서 공명가(위나라의 신하)에게 공문숙자(위나라의 대부)에 대해 물었습니다.

"정말로 그분께서는 말씀도 하지 않고 웃지도 않으며 재물을 받지도 않습니까?"

공명가가 대답했습니다.

"선생님(공자)께 아뢴 자가 좀 지나쳤나 봅니다. 그분은 때에 맞은 뒤에야 말씀하시는데 사람들은 그분의 말씀을 싫어하지 않고, 즐거운 뒤에야 웃으시는데 사람들은 그의 웃음을 싫어하지 않으며, 의로움에 합당한 연후에야 재물을 취하므로 사람들은 그분이 받는 것을 싫어하지 않는답니다."

공자께서 말씀하셨습니다.

"그렇습니까? 어떻게 그럴 수 있단 말입니까?"

子問公叔文子於公明賈曰(자문공숙문자어공명가왈):"信乎(신호), 夫子不言(부자불언), 不笑(불소), 不取乎(불취호)?"公明賈對曰(공명가대왈):"以告者過也(이고자과야). 夫子時然後言(부자시연후언), 人不厭其言(인불염기언), 樂然後笑(낙연후소), 人不厭其笑(인불염기소), 義然後取(의연후취), 人不厭其取(인불염기취)."子曰(자왈):"其然(기연)? 豈其然乎(개기연호)?"

14-14 자식을 후계자로 삼도록 요구했으니

공자께서 말씀하셨습니다.

"장무중은 방읍을 근거지로 삼아 노나라에 그의 자식을 후계자로 삼도록 요구했으니, 비록 임금을 협박한 것은 아니라고 하지만 나는 그것을 믿지 않습니다."

子曰(자왈):"臧武仲以防求爲後於魯(장무중이방구위후어노), 雖曰不要君(수왈불요군), 吾不信也(오불신야)."

14-15 제나라의 환공은 바르고 속이지 않았습니다

공자께서 말씀하셨습니다.

"진나라의 문공은 사람들을 속이고 바르지 않았으며, 제나라의 환공은 바르고 속이지 않았습니다."

子曰(자왈): "晉文公譎而不正(진문공휼이부정), 齊桓公正而不譎 (제환공정이불휼)."

14-16 그는 인하다고 할 수 있겠지

자로가 공자께 여쭈었습니다.

"환공이 공자 규를 죽이자 소홀은 따라 죽었지만, 관중은 죽지 않았습니다."

자로가 또 여쭈었습니다.

"인(仁)하지 않은 겁니까?"

공자께서 말씀하셨습니다.

"환공은 제후들을 아홉 번이나 규합하면서도 군사력을 쓰지 않았는데, 이는 곧 관중의 힘이었지. 이와 같았으니 그는 인하다고 할 수 있겠지, 이와 같았으니 그는 인하다고 할 수 있을 게야."

子路曰(자로왈): "桓公殺公子糾(환공살공자규), 召忽死之(소홀사지), 管仲不死(관중불사)." 曰(왈): "未仁乎(미인호)?" 子曰(자왈): "桓公九合諸侯(환공구합제후), 不以兵車(불이병차), 管仲之力也(관중지력야). 如其仁(여기인), 如其仁(여기인)."

14-17 하찮은 신의를 지키기 위해

자공이 공자께 여쭈었습니다.

"관중은 인(仁)한 사람이 아닙니까? 환공이 공자 규를 죽였는데도 스스로 죽지 못하고 또 환공을 도와주었습니다."

공자께서 말씀하셨습니다.

"관중이 환공을 도와 제후들의 우두머리로 만들고 단숨에 천하를 바로잡았으니, 백성들은 오늘날까지도 그의 은덕을 받고 있지. 관중이 아니었다면 아마도 우리는 머리를 풀어헤치고 옷깃을 왼쪽으로 여미고 있었을 게야. 어찌 보통의 남자와 여자가 하찮은 신의를 지키기 위해 스스로 도랑에 목을 매어 죽어도 아무도 알아주는 사람이 없는 것과 같겠느냐?"

子貢曰(자공왈:)"管仲非仁者與(관중비인자여)? 桓公殺公子糾(환공살공자규), 不能死(불능사), 又相之(우상지)."子曰(자왈):"管仲相桓公(관중상환공), 霸諸侯(패제후), 一匡天下(일광천하), 民到于今受其賜(민도우금수기사). 微管仲(미관중), 吾其被髮左衽矣(오기피발좌임의). 豈若匹夫匹婦之爲諒也(개약필부필부지위량야), 自經於溝瀆而莫之知也(자경어구독이막지지야)?"

14-18 그의 시호를 문(文)이라 할 만하구나

공숙문자의 가신인 대부 선이 자기(공숙문자)와 함께 공경의 지위에 올랐습니다. 공자께서는 그 소식을 듣고서는 말씀하셨습니다.

"그의 시호를 문(文)이라 할 만하구나!"

公叔文子之臣大夫僎與文子同升諸公(공숙문자지신대부선여문자

동승제공). 子聞之(자문지), 曰(왈): "可以爲文矣(가이위문의)."

14-19 어찌 그가 나라를 잃겠습니까?

공자께서 위나라 영공의 무도함에 대해 말씀하시자, 계강자(노나라의 세력가)가 말했습니다.

"이와 같이 행하는데도 어찌하여 나라를 잃지 않는 겁니까?"

공자께서 말씀하셨습니다.

"중숙어가 빈객을 접대하고, 축타가 종묘를 담당하고, 왕손가가 군대를 다스리고 있지요. 이와 같은데, 어찌 그가 나라를 잃겠습니까?"

子言衛靈公之無道也(자언위령공지무도야), 康子曰(강자왈): "夫如是(부여시), 奚而不喪(해이불상)?" 孔子曰(공자왈): "仲叔圉治賓客(중숙어치빈객), 祝鮀治宗廟(축타치종묘), 王孫賈治軍旅(왕손가치군려). 夫如是(부여시), 奚其喪(해기상)?"

14-20 실천하는 것도 어렵답니다

공자께서 말씀하셨습니다.

"자신의 말에 부끄러움을 느끼지 않는다면, 실천하는 것도 어렵답니다."

子曰(자왈): "其言之不怍(기언지부작), 則爲之也難(즉위지야난)."

14-21 진항이 자기의 군주를 시해했으니

진성자가 군주 간공을 시해했습니다. 공자께서는 목욕재계하고 조회에 참가하여 애공에게 아뢰었습니다.

"진항(진성자)이 자기의 군주를 시해했으니, 그를 토벌하십시오."

애공이 말했습니다.

"세 대부에게 말하시오."

공자께서 말씀하셨습니다.

"제가 대부의 뒤를 쫓아다니는 사람이라서 감히 말씀드리지 않을 수 없었습니다. 임금께서는 '세 대부에게 말하시오'라고 하시는군요."

공자께서 세 대부에게 가서 말했지만 안 된다고 했습니다. 공자께서 말씀하셨습니다.

"제가 대부의 뒤를 쫓아다니는 사람이라서 감히 말씀드리지 않을 수 없었습니다."

陳成子弒簡公(진성자시간공). 孔子沐浴而朝(공자목욕이조), 告於哀公曰(고어애공왈): "陳恒弒其君(진항시기군), 請討之(청토지)." 公曰(공왈): "告夫三子(고부삼자)!" 孔子曰(공자왈): "以吾從大夫之後(이오종대부지후), 不敢不告也(불감불고야). 君曰'告夫三子'者(군왈'고부삼자'자)!" 之三子告(지삼자고), 不可(불가). 孔子曰(공자왈): "以吾從大夫之後(이오종대부지후), 不敢不告也(불감불고야)."

14-22 속이려 들지 말고

자로가 임금을 섬기는 것에 대해 여쭈었습니다. 공자께서 말씀하셨습니다.

"속이려 들지 말고, 직접 간언하도록 하여라."

子路問事君(자로문사군). 子曰(자왈): "勿欺也(물기야), 而犯之(이범지)."

14-23 군자는 위로 통달하고
공자께서 말씀하셨습니다.

"군자는 위(천리)로 통달하고, 소인은 아래(세속)로 통달합니다."

子曰(자왈): "君子上達(군자상달), 小人下達(소인하달)."

14-24 자기의 수양을 위해서 배웠고
공자께서 말씀하셨습니다.

"옛날의 배우는 사람(학자)은 자기의 수양을 위해서 배웠고, 지금의 배우는 자들은 남의 인정을 받기 위해서 배웁니다."

子曰(자왈): "古之學者爲己(고지학자위기), 今之學者爲人(금지학자위인)."

14-25 훌륭한 심부름꾼이구나
거백옥(위나라의 대부)이 공자에게 심부름꾼을 보냈습니다. 공자께서는 그 사람과 함께 앉아 물으셨습니다.

"스승님께서는 무엇을 하시며 지내시는가?"

그 사람이 대답했습니다.

"스승님께서는 당신의 허물을 줄이려고 하시지만 아직은 그러지를 못하십니다."

심부름꾼이 나가자 공자께서 말씀하셨습니다.

"훌륭한 심부름꾼이구나, 훌륭한 심부름꾼이야!"

蘧伯玉使人於孔子(거백옥사인어공자). 孔子與之坐而問焉(공자
여지좌이문언), 曰(왈): "夫子何爲(부자하위)?" 對曰(대왈): "夫子欲寡
其過而未能也(부자욕과기과이미능야)." 使者出(사자출). 子曰(자왈):
"使乎(사호)! 使乎(사호)!"

14-26 군자는 자기의 지위를 벗어나지 않습니다

공자께서 말씀하셨습니다.

"그 지위에 있지 않으면 그 정사를 꾀하지도 않는답니다."

증자가 말했습니다.

"군자는 생각하는 것이 자기의 지위를 벗어나지 않습니다."

子曰(자왈): "不在其位(부재기위), 不謀其政(불모기정)." 曾子曰
(증자왈): "君子思不出其位(군자사불출기위)."

14-27 군자의 말과 행동

공자께서 말씀하셨습니다.

"군자는 자신의 말이 자기의 행동을 넘어서는 것을 부끄러워합
니다."

子曰(자왈): "君子恥其言而過其行(군자치기언이과기행)."

14-28 군자의 세 가지 도

공자께서 말씀하셨습니다.

"군자의 도에는 세 가지가 있는데, 나는 할 수 있는 게 없습니다.

어진 사람은 근심하지 않고, 지혜로운 사람은 미혹되지 않으며, 용감한 사람은 두려워하지 않습니다."

자공이 말했습니다.

"스승님께선 자신의 도에 관해 말씀하시는군요."

子曰(자왈): "君子道者三(군자도자삼), 我無能焉(아무능언), 仁者不憂(인자불우), 知者不惑(지자불혹), 勇者不懼(용자불구)." 子貢曰(자공왈): "夫子自道也(부자자도야)."

14-29 내게는 그러할 겨를이 없구나

자공이 다른 사람을 비판하자, 공자께서 말씀하셨습니다.

"사(자공)는 현명한가 보구나! 내게는 그러할 겨를이 없구나."

子貢方人(자공방인). 子曰(자왈): "賜也賢乎哉(사야현호재)! 夫我則不暇(부아즉불가)."

14-30 내 능력이 없음을 걱정해야 합니다

공자께서 말씀하셨습니다.

"다른 사람이 나를 알아주지 않음을 걱정하지 말고, 내 능력이 없음을 걱정해야 합니다."

子曰(자왈): "不患人之不己知(불환인지불기지), 患其不能也(환기불능야)."

14-31 먼저 알아차리는 사람이 현명합니다

공자께서 말씀하셨습니다.

"남이 나를 속일 것이라 지레짐작하지 말고, 남이 나를 믿지 않을까 억측하지도 말라 했는데, 그렇지만 또한 먼저 알아차리는 사람이 현명합니다."

子曰(자왈): "不逆詐(불역사), 不億不信(불억불신), 抑亦先覺者(억역선각자), 是賢乎(시현호)!"

14-32 어찌하여 허둥거리며 돌아다니는가

미생무가 공자에게 말했습니다.

"공구, 그대는 어찌하여 허둥거리며 돌아다니는가? 말재주를 부리려는 것이 아닌가?"

공자께서 말씀하셨습니다.

"감히 말재주를 부리려는 게 아니라, 제후들의 고집스러움이 싫어서랍니다."

微生畝謂孔子曰(미생무위공자왈): "丘何爲是栖栖者與(구하위시서서자여)? 無乃爲佞乎(무내위녕호)?" 孔子曰(공자왈): "非敢爲佞也(비감위녕야), 疾固也(질고야)."

14-33 유순한 덕을 칭송하는 것

공자께서 말씀하셨습니다.

"천리마는 그 능력을 칭송하는 게 아니라, 그 덕을 칭송하는 것이랍니다."

子曰(자왈): "驥不稱其力(기불칭기력), 稱其德也(칭기덕야)."

14-34 은덕으로 은덕을 갚아야

어떤 사람이 물었습니다.

"은덕으로써 원한을 갚으면 어떻습니까?"

공자께서 말씀하셨습니다.

"무엇으로 은덕을 갚겠습니까? 정직으로 원한을 갚고, 은덕으로 은덕을 갚아야 합니다."

或曰(혹왈): "以德報怨(이덕보원), 何如(하여)?" 子曰(자왈): "何以報德(하이보덕)? 以直報怨(이직보원), 以德報德(이덕보덕)."

14-35 나를 알아주는 이는 하늘이리라

공자께서 말씀하셨습니다.

"나를 알아주는 사람이 아무도 없구나!"

자공이 여쭈었습니다.

"어찌하여 아무도 스승님을 알아주지 않는다고 하십니까?"

공자께서 말씀하셨습니다.

"나는 하늘을 원망하지 않고, 남을 탓하지도 않으며, 아래로는 하찮은 것들까지 배우고 위로는 심오한 이치에 통달했는데, 나를 알아주는 것은 하늘이니라."

子曰(자왈): "莫我知也夫(막아지야부)! 子貢曰(자공왈): "何爲其莫知子也(하위기막지자야)?" 子曰(자왈): "不怨天(불원천), 不尤人(불우인), 下學而上達(하학이상달). 知我者其天乎(지아자기천호)!"

14-36 천명을 어찌하겠느냐

공백료(노나라 사람)가 계손씨에게 자로를 헐뜯었습니다. 자복경백(노나라 대부)이 그 사실을 공자께 아뢰었습니다.

"그 사람 계손씨는 정말로 공백료에게 미혹되었습니다. 저의 힘 정도면 오히려 공백료를 죽여 그 시체를 저잣거리나 조정에 내걸 수 있습니다."

공자께서 말씀하셨습니다.

"도가 장차 행해지려는 것도 천명이고, 도가 장차 없어지려는 것도 천명인데, 공백료가 천명을 어찌하겠느냐?"

公伯寮愬子路於季孫(공백료소자로어계손). 子服景伯以告(자복경백이고), 曰(왈): "夫子固有惑志於公伯寮(부자고유혹지어공백료), 吾力猶能肆諸市朝(오력유능사저시조)." 子曰(자왈): "道之將行也與(도지장행야여), 命也(명야), 道之將廢也與(도지장폐야여), 命也(명야). 公伯寮其如命何(공백료기여명하)!"

14-37 살면서 피해야 할 네 가지

공자께서 말씀하셨습니다.

"현명한 사람은 혼란한 세속을 피하고, 그 다음가는 사람은 어지러운 지역을 피하며, 그 다음 부류는 안색이 좋지 않은 사람을 피하고, 그 다음 부류는 말씨가 좋지 않은 사람을 피한답니다."

계속해서 공자께서 말씀하셨습니다.

"이를 실행한 사람은 일곱 분이 있답니다."

子曰(자왈): "賢者辟世(현자벽세), 其次辟地(기차벽지), 其次辟色

(기차벽색), 其次辟言(기차벽언)." 子曰(자왈): "作者七人矣(작자칠인
의)."

14-38 안 되는 줄 알면서도 하려는 사람

자로가 석문(노나라 외곽의 성문)에서 묵었더니 성문지기가 물었습
니다.

"어디서 왔소?"

자로가 대답했습니다.

"공씨 문하에서 왔습니다."

문지기가 물었습니다.

"안 되는 줄 알면서도 하려고 하는 그 사람 말인가요?"

子路宿於石門(자로숙어석문). 晨門曰(신문왈): "奚自(해자)?" 子
路曰(자로왈): "自孔氏(자공씨)." 曰(왈): "是知其不可而爲之者與
(시지기불가이위지자여)?"

14-39 그렇게 산다면 어려울 게 없겠구나

공자께서 위나라에서 악기인 경쇠를 두드리고 있었는데, 마침
삼태기를 메고 공자의 집 문 앞을 지나가던 사람이 말했습니다.

"근심이 서려 있구나, 경쇠 치는 소리여!"

잠시 뒤에 그가 다시 말을 이었습니다.

"비속하구나, 땡땡거리는 소리가! 자기를 알아주지 않으면 그만
두면 될 따름이거늘. 물이 깊으면 바지를 벗고 건너고, 물이 얕으
면 바짓단을 걷어 올리고 건너면 되는 걸."

공자께서 말씀하셨습니다.

"과단성이 있구나! 그렇게 산다면 어려울 게 없겠구나."

子擊磬於衛(자격경어위), 有荷蕢而過孔氏之門者(유하괴이과공씨지문자), 曰(왈): "有心哉(유심재), 擊磬乎(격경호)!" 旣而曰(기이왈): "鄙哉(비재), 硜硜乎(갱갱호)! 莫己知也(막기지야), 斯己而已矣(사기이이의). 深則厲(심즉려), 淺則揭(천즉게)." 子曰(자왈): "果哉(과재)! 末之難矣(말지난의)."

14-40 어찌 고종뿐이겠느냐

자장이 여쭈었습니다.

"『서경』에 이르길 '고종(상나라의 임금)이 상을 당하여 움막에서 지낼 때 3년 동안 말을 하지 않으셨다'고 했는데, 무엇을 이른 건가요?"

공자께서 말씀하셨습니다.

"어찌 고종뿐이겠느냐, 옛날 사람들은 모두가 그러했지. 임금이 돌아가시면, 모든 관리는 자기의 직책을 맡아 3년 동안 재상인 총재의 지휘를 따랐지."

子張曰(자장왈): "書云(서운), '高宗諒陰(고종량음), 三年不言(삼년불언).' 何謂也(하위야)?" 子曰(자왈): "何必高宗(하필고종), 古之人皆然(고지인개연). 君薨(군훙), 百官總己以聽於冢宰三年(백관총기이청어총재삼년)."

14-41 윗사람이 예를 좋아하면

공자께서 말씀하셨습니다.

"윗사람이 예를 좋아하면 백성을 손쉽게 부릴 수 있습니다."

子曰(자왈): "上好禮(상호례), 則民易使也(즉민이사야)."

14-42 자신을 수양하여 백성을 편안하게 해주는 것

자로가 군자에 대해 여쭈었습니다. 공자께서 말씀하셨습니다.

"자신을 수양하여 경건해지는 거지."

자로가 다시 여쭈었습니다.

"그렇게 하면 끝입니까?"

공자께서 말씀하셨습니다.

"자신을 수양하여 다른 사람을 편안하게 해주는 것이란다."

자로가 여쭈었습니다.

"그렇게 하면 끝나는 겁니까?"

공자께서 말씀을 이어갔습니다.

"자신을 수양하여 백성을 편안하게 해주는 것이란다. 자신을 수양하여 백성을 편안하게 해주는 것은 요임금이나 순임금도 오히려 부족하게 여기어 걱정했을 것이야!"

子路問君子(자로문군자). 子曰(자왈): "脩己以敬(수기이경)." 曰(왈): "如斯而已乎(여사이이호)?" 曰(왈): "脩己以安人(수기이안인)." 曰(왈): "如斯而已乎(여사이이호)?" 曰(왈): "脩己以安百姓(수기이안백성). 脩己以安百姓(수기이안백성), 堯舜其猶病諸(요순기유병저)!"

14-43 너야말로 도둑이로구나

원양이 쭈그리고 앉아 공자를 기다리고 있었습니다. 공자께서 말씀하셨습니다.

"어려서는 공손하거나 우애도 없었고, 자라서는 이야기할 만한 업적도 없었으며, 늙어서는 죽지도 않고 있으니, 너야말로 도둑이 로구나."

그러고는 지팡이로 그의 정강이를 두드리셨습니다.

原壤夷俟(원양이사). 子曰(자왈): "幼而不孫弟(유이불손제), 長而 無述焉(장이무술언), 老而不死(노이불사), 是爲賊(시위적)."以杖叩 其脛(이장고기경).

14-44 빨리 이루고자 하는 아이

궐당(공자의 고향마을)의 동자가 공자의 명을 전달하는 심부름을 하고 있었는데, 어떤 사람이 그 아이에 대해 물었습니다.

"배움에 진전이 있는 아이입니까?"

공자께서 말씀하셨습니다.

"나는 그 아이가 자리를 차지하고 앉아 있는 것을 보았고, 그 아이가 선생들과 나란히 걸어가는 것을 보았습니다. 진전이 있는 아이가 아니라 빨리 이루고자 하는 아이인 것 같습니다."

闕黨童子將命(궐당동자장명). 或問之曰(혹문지왈): "益者與(익자 여)?"子曰(자왈): "吾見其居於位也(오견기거어위야), 見其與先生 並行也(견기여선생병행야). 非求益者也(비구익자야), 欲速成者也(욕 속성자야)."

위령공
衛靈公

• • •

15-1 군대에 관한 일은 아직 배운 적이 없습니다

위나라 영공이 공자에게 군대의 진법에 물었습니다. 공자께서
대답하셨습니다.

"제사에 관한 일이라면 일찍이 들어본 적은 있으나, 군대에 관한
일은 아직 배운 적이 없습니다."

그리 말씀하시고는 다음 날에 결국 떠나버렸습니다.

衛靈公問陳於孔子(위령공문진어공자). 孔子對曰(공자대왈): "俎
豆之事(조두지사), 則嘗聞之矣(즉상문지의), 軍旅之事(군려지사), 未
之學也(미지학야)." 明日遂行(명일수행).

15-2 곤궁함에 대한 군자와 소인의 태도

진나라에 이르러서는 양식이 떨어지고, 따르는 자들이 병이 나서 아무도 일어날 수조차 없었습니다. 자로가 화가 나서 공자를 찾아뵙고는 여쭈었습니다.

"군자도 곤궁해질 때가 있는 겁니까?"

공자께서 말씀하셨습니다.

"군자는 곤궁함을 확고하게 지켜내지만, 소인은 곤궁해지면 분수에 넘치는 짓을 하게 된단다."

在陳絶糧(재진절량), 從者病(종자병), 莫能興(막능흥). 子路慍見曰(자로온현왈): "君子亦有窮乎(군자역유궁호)?" 子曰(자왈): "君子固窮(군자고궁), 小人窮斯濫矣(소인궁사람의)."

15-3 일이관지

공자께서 말씀하셨습니다.

"사(자공)야, 너는 내가 많이 배워서 그것을 기억하는 사람이라고 생각하느냐?"

자공이 대답했습니다.

"그렇습니다. 그런 것이 아닙니까?"

공자께서 말씀하셨습니다.

"아니란다. 나는 하나의 이치로 모든 것을 꿰뚫고 있지."

子曰(자왈): "賜也(사야), 女以予爲多學而識之者與(여이여위다학이식지자여)?" 對曰(대왈): "然(연), 非與(비여)?" 曰(왈): "非也(비야), 予一以貫之(여일이관지)."

15-4 덕을 아는 자가 드물구나

공자께서 말씀하셨습니다.

"유(자로)야, 덕을 아는 자가 드물구나."

子曰(자왈): "由(유)! 知德者鮮矣(지덕자선의)."

15-5 무위로 다스린 분은 아마도 순임금일 겁니다

공자께서 말씀하셨습니다.

"인위적으로 억지를 쓰지 않는 무위로 다스린 분은 아마도 순임금일 겁니다! 그분이 무엇을 했겠습니까? 몸가짐을 공손히 하고서 바르게 임금의 자리(南面)를 지키고 있었을 뿐이랍니다."

子曰(자왈): "無爲而治者其舜也與(무위이치자기순야여)! 夫何爲哉(부하위재)? 恭己正南面而已矣(공기정남면이이의)."

15-6 말은 진실되고 믿음 있게

자장이 어떻게 실행해야 하는지에 관해 여쭈었습니다. 공자께서 말씀하셨습니다.

"말은 진실되고 믿음 있게, 행동은 도탑고 공경스럽게 하면, 비록 오랑캐 땅에서도 실행될 것이야. 그러나 말에 진실과 믿음이 없고, 행동에 도타움과 공경스러움이 없다면, 비록 자기가 태어난 고향에서도 실행되겠느냐? 서 있을 때는 그러한 말이 앞에서 아른거리고, 수레에 타면 그 말들이 횡목에 걸려 있음을 보아라. 그런 뒤에야 행해질 게야."

자장은 이 말씀을 허리띠에 적어두었답니다.

子張問行(자장문행). 子曰(자왈): "言忠信(언충신), 行篤敬(행독경), 雖蠻貊之邦(수만맥지방), 行矣(행의). 言不忠信(언불충신), 行不篤敬(행부독경), 雖州里(수주리), 行乎哉(행호재)? 立則見其參於前也(입즉견기참어전야), 在輿則見其倚於衡也(재여즉견기의어형야), 夫然後行(부연후행)." 子張書諸紳(자장서저신).

15-7 군자로구나, 거백옥이여!

공자께서는 독백하듯 말씀하셨습니다.

"강직하구나, 사어(위나라의 대부)여! 나라에 도가 있으면 화살처럼 곧고, 나라에 도가 없어도 화살처럼 곧구나. 군자로구나, 거백옥(위나라의 대부)이여! 나라에 도가 있으면 벼슬길에 나아가고, 나라에 도가 없으면 자신의 재능을 접고 은둔하여 그것을 가슴속에 품고 있구나."

子曰(자왈): "直哉史魚(직재사어)! 邦有道(방유도), 如矢(여시), 邦無道(방무도), 如矢(여시). 君子哉蘧伯玉(군자재거백옥)! 邦有道(방유도), 則仕(즉사), 邦無道(방무도), 則可卷而懷之(즉가권이회지)."

15-8 지혜로운 사람은 인재를 잃지 않고

공자께서 말씀하셨습니다.

"더불어 말을 할 만한데도 함께 어울려 말하지 않는다면 인재를 잃게 되고, 더불어 말하지 못할 만한데도 함께 어울려 말한다면 말을 잃게 됩니다. 지혜로운 사람은 인재를 잃지 않고, 또한 말을 잃지도 않는답니다."

子曰(자왈): "可與言而不與言(가여언이불여언), 失人(실인), 不可
與言而與之言(불가여언이여지언), 失言(실언). 知者不失人(지자불실
인), 亦不失言(역불실언)."

15-9 살신성인
공자께서 말씀하셨습니다.

"뜻있는 선비와 인(仁)한 사람은 삶을 추구하면서 인을 해치는
일이 없고, 자신을 희생해서라도 인을 이룬 경우는 있답니다."

子曰(자왈): "志士仁人(지사인인), 無求生以害仁(무구생이해인),
有殺身以成仁(유살신이성인)."

15-10 대부들 중에 어진 사람을 섬기고
자공이 인을 행하는 방법을 여쭈었습니다. 공자께서 말씀하셨습
니다.

"장인이 일을 잘하려면 반드시 먼저 연장을 날카롭고 해놓아야
하지. 어떤 나라에 살게 되면 그 나라의 대부들 중에 어진 사람을
섬기고, 그 나라의 선비들 중에 인한 자를 사귀어야 한단다."

子貢問爲仁(자공문위인). 子曰(자왈): "工欲善其事(공욕선기사),
必先利其器(필선리기기). 居是邦也(거시방야), 事其大夫之賢者(사
기대부지현자), 友其士之仁者(우기사지인자)."

15-11 주나라의 면류관을 쓰고
안연이 나라를 다스리는 방법에 대해 여쭈었습니다. 공자께서

말씀하셨습니다.

"하나라의 역법을 시행하고, 은나라의 수레를 타며, 주나라의 면류관을 쓰고, 음악은 소무(韶舞, 순임금 때의 악곡)를 연주토록 하여라. 정나라의 음악은 내치고, 아첨하는 사람을 멀리해야 하느니라. 정나라의 음악은 음란하고, 말만 잘하는 사람은 위태롭단다."

顏淵問爲邦(안연문위방). 子曰(자왈):"行夏之時(행하지시), 乘殷之輅(승은지로), 服周之冕(복주지면), 樂則韶舞(악즉소무). 放鄭聲(방정성), 遠佞人(원녕인). 鄭聲淫(정성음), 佞人殆(영인태)."

15-12 사람이 멀리 내다보며 생각하지 않으면

공자께서 말씀하셨습니다.

"사람이 멀리 내다보며 생각하지 않으면, 반드시 가까운 곳에 근심이 있게 마련입니다."

子曰(자왈):"人無遠慮(인무원려), 必有近憂(필유근우)."

15-13 덕을 좋아하는 것을

공자께서 말씀하셨습니다.

"끝장났습니다! 나는 아직 덕을 좋아하는 것을 여색을 좋아하는 것처럼 하는 사람을 보지 못했답니다."

子曰(자왈):"已矣乎(이의호)! 吾未見好德如好色者也(오미견호덕여호색자야)."

15-14 벼슬자리를 훔친 사람일 게야!

공자께서 말씀하셨습니다.

"장문중(노나라의 대부)은 아마도 벼슬자리를 훔친 사람일 겁니다! 그는 유하혜(노나라의 현인)가 현명하다는 것을 알면서도 그와 더불어 조정에 서지 않았으니 말입니다."

子曰(자왈): "臧文仲其竊位者與(장문중기절위자여)! 知柳下惠之 賢而不與立也(지유하혜지현이불여립야)."

15-15 자신에게는 엄중하게 책망하고

공자께서 말씀하셨습니다.

"자신에게는 엄중하게 책망하고 다른 사람에게는 가볍게 책망한다면, 원망을 멀리할 수 있을 겁니다."

子曰(자왈): "躬自厚而薄責於人(궁자후이박책어인), 則遠怨矣(즉 원원의)."

15-16 어떻게 할까

공자께서 말씀하셨습니다.

"'어떻게 할까, 어떻게 할까'라고 말하지 않는 사람에 대해 나는 어떻게 할지를 모르겠습니다."

子曰(자왈): "不曰 '如之何(불왈'여지하), 如之何'者(여지하'자), 吾 末如之何也已矣(오말여지하야이의)."

15-17 잘되기는 어렵습니다

공자께서 말씀하셨습니다.

"종일토록 여럿이 함께 지내면서 의로운 일에 관해서는 언급하지 않고, 잔재주 부리는 것만을 좋아한다면, 잘되기는 어렵습니다."

子曰(자왈): "羣居終日(군거종일), 言不及義(언불급의), 好行小慧(호행소혜), 難矣哉(난의재)!"

15-18 군자는 의로움을 바탕으로 삼고

공자께서 말씀하셨습니다.

"군자는 의로움을 바탕으로 삼고, 예로써 그것을 실행하며, 겸손하게 그것을 드러내고, 믿음으로써 그것을 이룹니다. 이러한 사람이 군자랍니다!"

子曰(자왈): "君子義以爲質(군자의이위질), 禮以行之(예이행지), 孫以出之(손이출지), 信以成之(신이성지). 君子哉(군자재)!"

15-19 능력 없음을 근심할 뿐

공자께서 말씀하셨습니다.

"군자는 능력 없음을 근심할 뿐 다른 사람이 자신을 알아주지 않는 것을 걱정하진 않습니다."

子曰(자왈): "君子病無能焉(군자병무능언), 不病人之不己知也(불병인지불기지야)."

15-20 군자는 죽고 나서

공자께서 말씀하셨습니다.

"군자는 죽고 나서 이름이 일컬어지지 않는 것을 걱정합니다."

子曰(자왈): "君子疾沒世而名不稱焉(군자질몰세이명불칭언)."

15-21 군자는 자기에게서 잘못을 찾고

공자께서 말씀하셨습니다.

"군자는 자기에게서 잘못을 찾고, 소인은 남에게서 잘못을 찾는답니다."

子曰(자왈): "君子求諸己(군자구저기), 小人求諸人(소인구저인)."

15-22 긍지를 갖되 다투지 않고

공자께서 말씀하셨습니다.

"군자는 긍지를 갖되 다투지 않고, 무리를 이루지만 파벌을 만들지는 않습니다."

子曰(자왈): "君子矜而不爭(군자긍이부쟁), 群而不黨(군이부당)."

15-23 말만 듣고서 사람을 천거하지 않고

공자께서 말씀하셨습니다.

"군자는 말만 듣고서 사람을 천거하지 않고, 그 사람이 마음에 들지 않는다고 그의 말까지 버리지는 않는답니다."

子曰(자왈): "君子不以言擧人(군자불이언거인), 不以人廢言(불이인폐언)."

15-24 아마도 서(恕)일 것이야

자공이 여쭈었습니다.

"한마디 말로 평생토록 실행할 만한 것이 있습니까?"

공자께서 말씀하셨습니다.

"아마도 서(恕, 용서)일 것이야. 자기가 원하지 않는 것을 남에게 하라고 하진 말거라."

子貢問曰(자공문왈):"有一言而可以終身行之者乎(유일언이가이종신행지자호)?"子曰(자왈):"其恕乎(기서호)! 己所不欲(기소불욕), 勿施於人(물시어인)."

15-25 만약 칭찬한 사람이 있다면

공자께서 말씀하셨습니다.

"내가 다른 사람에 대하여 누구를 헐뜯고 누구를 칭찬하겠습니까? 만약 칭찬한 사람이 있다면 그것은 아마도 시험해 본 결과였을 겁니다. 이 백성들은 삼대(하·은·주)때부터 곧은 도로써 실행해 온 사람들일 겁니다."

子曰(자왈):"吾之於人也(오지어인야), 誰毀誰譽(수훼수예)? 如有所譽者(여유소예자), 其有所試矣(기유소시의). 斯民也(사민야), 三代之所以直道而行也(삼대지소이직도이행야)."

15-26 지금은 그것도 없어졌구나

공자께서 말씀하셨습니다.

"나는 역사서에서 의아하게 생각하여 기록하지 않고 비워두는

(궐문) 것과 말(馬)을 가진 사람이 다른 사람에게 빌려주어 타도록 하는 것을 볼 수 있었는데, 지금은 그것도 없어져버렸습니다."

子曰(자왈): "吾猶及史之闕文也(오유급사지궐문야). 有馬者借人乘之(유마자차인승지), 今亡矣夫(금망의부)!"

15-27 교묘한 말은 덕을 어지럽힙니다

공자께서 말씀하셨습니다.

"교묘한 말은 덕을 어지럽힙니다. 사소한 일을 참지 못하면 원대한 계획을 어지럽히게 됩니다."

子曰(자왈): "巧言亂德(교언난덕). 小不忍(소불인), 則亂大謀(즉난대모)."

15-28 많은 사람들이 싫어해도

공자께서 말씀하셨습니다.

"많은 사람들이 싫어해도 반드시 좋은 점이 없는지 살펴야 하고, 많은 사람들이 좋아해도 나쁜 점이 없는지 반드시 살펴야 합니다."

子曰(자왈): "衆惡之(중오지), 必察焉(필찰언), 衆好之(중호지), 必察焉(필찰언)."

15-29 사람이 도를 넓힐 수 있는 것이지

공자께서 말씀하셨습니다.

"사람이 도를 넓힐 수 있는 것이지, 도가 사람을 넓힐 수 있는 것은 아니랍니다."

子曰(자왈): "人能弘道(인능홍도), 非道弘人(비도홍인)."

15-30 잘못하고서도 고치지 않는 것

공자께서 말씀하셨습니다.

"잘못하고서도 고치지 않는 것, 이것이 바로 잘못입니다."

子曰(자왈): "過而不改(과이불개), 是謂過矣(시위과의)."

15-31 배우는 것만 못하였습니다

공자께서 말씀하셨습니다.

"나는 이전에 종일토록 먹지 않고 밤새도록 잠을 자지 않고 생각해 보았지만 유익한 것이 없었으며, 배우는 것만 못하였습니다."

子曰(자왈): "吾嘗終日不食(오상종일불식), 終夜不寢(종야불침), 以思無益(이사무익), 不如學也(불여학야)."

15-32 군자는 도를 걱정하지

공자께서 말씀하셨습니다.

"군자는 도를 추구하지 먹을 것을 추구하지는 않습니다. 농사를 지어도 굶주릴 때가 더러 있지만 학문을 하면 벼슬길에 나아가 녹봉을 받을 수 있습니다. 군자는 도를 걱정하지 가난을 걱정하지는 않는답니다."

子曰(자왈): "君子謀道不謀食(군자모도불모식). 耕也(경야), 餒在其中矣(뇌재기중의), 學也(학야), 祿在其中矣(녹재기중의). 君子憂道不憂貧(군자우도불우빈)."

15-33 아직 최선은 아닙니다

공자께서 말씀하셨습니다.

"지식이 다다라 손에 넣었으나 인(仁)으로 그것을 지킬 수 없으면, 비록 얻었다고 할지라도 반드시 그것을 잃게 될 겁니다. 지식이 다다라 인으로 그것을 지킬 수 있더라도 엄숙하게 그것을 대하지 않는다면 백성들은 공경하지 않을 겁니다. 지식이 다다라 손에 넣고 인으로 그것을 지켜낼 수 있으면서, 그것을 엄숙하게 대한다고 할지라도 그것을 예에 맞게 하지 않는다면 아직 최선은 아닙니다."

子曰(자왈): "知及之(지급지), 仁不能守之(인불능수지), 雖得之(수득지), 必失之(필실지). 知及之(지급지), 仁能守之(인능수지). 不莊以涖之(불장이리지), 則民不敬(즉민불경). 知及之(지급지), 仁能守之(인능수지), 莊以涖之(장이리지), 動之不以禮(동지불이례), 未善也(미선야)."

15-34 군자와 소인의 그릇 크기

공자께서 말씀하셨습니다.

"군자는 작은 일로써 그의 됨됨이를 알 수는 없지만 큰일을 맡아할 수 있고, 소인은 큰일은 맡을 수 없지만 작은 일로 그의 됨됨이를 알아볼 수 있답니다."

子曰(자왈): "君子不可小知而可大受也(군자불가소지이가대수야), 小人不可大受而可小知也(소인불가대수이가소지야)."

15-35 인(仁)을 실천하라

공자께서 말씀하셨습니다.

"백성들이 인에 의지해야 함은 물이나 불보다도 절실하답니다. 물이나 불은, 나는 그것에 뛰어들어 죽은 사람을 보았지만, 인을 실천하다가 죽은 사람은 아직껏 보지 못했답니다."

子曰(자왈): "民之於仁也(민지어인야), 甚於水火(심어수화). 水火(수화), 吾見蹈而死者矣(오견도이사자의), 未見蹈仁而死者也(미견도인이사자야)."

15-36 인을 행할 때는 스승에게도 양보하지 말아야

공자께서 말씀하셨습니다.

"인을 행할 때는 스승에게도 양보하지 말아야 합니다."

子曰(자왈): "當仁(당인), 不讓於師(불양어사)."

15-37 군자는 올곧지만

공자께서 말씀하셨습니다.

"군자는 올곧지만 하찮은 신의에 얽매이지는 않는답니다."

子曰(자왈): "君子貞而不諒(군자정이불량)."

15-38 녹을 먹는 것을 뒤로 돌려야 합니다

공자께서 말씀하셨습니다.

"임금을 섬기되 먼저 자신이 맡은 일을 경건하게 하고 녹을 먹는 것을 뒤로 돌려야 합니다."

子曰(자왈): "事君(사군), 敬其事而後其食(경기사이후기식)."

15-39 가르칠 때는

공자께서 말씀하셨습니다.

"가르칠 때는 차별이 없어야 합니다."

子曰(자왈): "有教無類(유교무류)."

15-40 가는 길이 다르면

공자께서 말씀하셨습니다.

"가는 길이 다르면 서로 도모하지 않아야 합니다."

子曰(자왈): "道不同(도부동), 不相爲謀(불상위모)."

15-41 말은 정확히 전달할 따름

공자께서 말씀하셨습니다.

"말은 정확히 전달할 따름이랍니다."

子曰(자왈): "辭達而已矣(사달이이의)."

15-42 소경인 악사를 돕는 방법

소경인 악사 면이 공자를 찾아뵈었습니다. 면이 섬돌에 이르렀을 때 공자께서 말씀하셨습니다.

"섬돌이오."

그가 자리에 이르렀을 때 공자께서 말씀하셨습니다.

"앉을 자리요."

모두가 자리에 앉자 공자께서 그에게 일러주었습니다.

"아무개는 여기에 있고, 아무개는 여기에 있다오."

악사 면이 나가자 자장이 여쭈었습니다.

"그것이 악사와 이야기하는 방법입니까?"

공자께서 말씀하셨습니다.

"그렇단다. 그렇게 하는 것이 본디 소경인 악사를 돕는 방법이란다."

師冕見(사면현), 及階(급계), 子曰(자왈):"階也(계야)."及席(급석), 子曰(자왈):"席也(석야)." 皆坐(개좌), 子告之曰(자고지왈):"某在斯(모재사), 某在斯(모재사)." 師冕出(사면출). 子張問曰(자장문왈):"與師言之道與(여사언지도여)?"子曰(자왈):"然(연), 固相師之道也(고상사지도야)."

계씨
季氏

• • •

16-1 바로 너의 잘못이 아니겠느냐?

계씨가 노나라의 속국인 전유(顓臾)를 정벌하려고 했습니다. 계씨의 가신인 염유와 계로가 공자를 찾아뵙고는 여쭈었습니다.

"계씨가 장차 전유와 전쟁을 벌이려고 합니다."

공자께서 말씀하셨습니다.

"구(염유)야, 바로 너의 잘못이 아니겠느냐? 전유는 옛날 선왕께서 동몽산의 제사를 주관하도록 하셨고, 또한 노나라의 국경 안에 있으니 이는 사직의 신하인데, 무엇 때문에 정벌한다는 것이냐?"

염유가 말했습니다.

"계씨가 그렇게 하려는 것이지, 저희 두 신하는 모두 원하지 않는 일입니다."

공자께서 말씀하셨습니다.

"구야! 주임(고대의 사관)의 말에 '자신의 능력을 펼쳐서 벼슬아치의 대열에 나아가되 능력이 닿지 않으면 그만둔다'라는 말이 있거니와, 위급한데도 잡아주지 않고 넘어지는데도 부축해 주지 않는다면 그런 신하를 어디에 쓰겠느냐? 뿐만 아니라 네 말은 잘못되었구나. 호랑이와 코뿔소가 우리에서 뛰어나오고, 귀갑(龜甲)과 옥이 궤 안에서 깨졌다면 이는 누구의 잘못이냐?"

염유가 말했습니다.

"이제 전유는 성곽이 견고하고, 또한 비읍에 가까워서 지금 빼앗아두지 않으면 후세에 반드시 자손들의 우환거리가 될 것입니다."

공자께서 말씀하셨습니다.

"구야, 군자는 당당하게 '그렇게 하고자 한다'라고 말하기는 주저하면서 그 일을 하기 위해 반드시 핑계를 대는 것을 싫어한단다. 내가 들은 바에 의하면 나라를 가진 사람은 백성이 적은 것을 걱정하지 않고 재산의 소유가 고르지 않은 것을 걱정하며, 가난한 것을 걱정하지 않고 나라가 편안하지 않은 것을 걱정한다고 했단다. 대체로 재산의 소유가 고르면 가난이 없고, 나라가 평화로우면 백성이 적어지는 일이 없으며, 나라가 편안하면 기울어지는 일도 없지. 그렇기 때문에 먼 나라 사람들이 복종하지 않으면 문덕을 닦아서 그들로 하여금 찾아오게 하고, 이미 오게 했으면 그들을 편안하게 해주어야 한단다. 지금 유와 구는 그분을 보필하면서 먼 나라 사람들이 복종하지 않는데도 그들로 하여금 찾아오게 만들지 못하며,

나라가 와해되고 분열될 처지에 놓였는데도 이를 수호하지 못하고, 나라 안에서 무력을 동원하려고 계획하고 있단다. 나는 계손씨의 걱정거리가 전유에 있지 않고 담장 안에 있을까 두렵구나."

季氏將伐顓臾(계씨장벌전유). 冉有季路見於孔子曰(염유계로현어공자왈): "季氏將有事於顓臾(계씨장유사어전유)." 孔子曰(공자왈): "求(구)! 無乃爾是過與(무내이시과여)? 夫顓臾(부전유), 昔者先王以爲東蒙主(석자선왕이위동몽주), 且在邦域之中矣(차재방역지중의), 是社稷之臣也(시사직지신야). 何以伐爲(하이벌위)?" 冉有曰(염유왈): "夫子欲之(부자욕지), 吾二臣者皆不欲也(오이신자개불욕야)." 孔子曰(공자왈): "求(구)! 周任有言曰(주임유언왈), '陳力就列(진력취열), 不能者止(불능자지).' 危而不持(위이부지), 顚而不扶(전이불부), 則將焉用彼相矣(즉장언용피상의)? 且爾言過矣(차이언과의), 虎兕出於柙(호시출어합), 龜玉毁於櫝中(귀옥훼어독중), 是誰之過與(시수지과여)?" 冉有曰(염유왈): "今夫顓臾(금부전유), 固而近於費(고이근어비). 今不取(금불취), 後世必爲子孫憂(후세필위자손우)."

孔子曰(공자왈): "求(구)! 君子疾夫舍曰欲之而必爲之辭(군자질부사왈욕지이필위지사). 丘也聞有國有家者(구야문유국유가자), 不患寡而患不均(불환과이환불균), 不患貧而患不安(불환빈이환불안). 蓋均無貧(개균무빈), 和無寡(화무과), 安無傾(안무경). 夫如是(부여시), 故遠人不服(고원인불복), 則修文德以來之(즉수문덕이래지). 旣來之(기래지), 則安之(즉안지). 今由與求也(금유여구야), 相夫子(상부자), 遠人不服(원인불복), 而不能來也(이불능래야), 邦分崩離析(방분붕리석), 而不能守也(이불능수야), 而謀動干戈於邦內(이모동간과어방내).

吾恐季孫之憂(오공계손지우), 不在顓臾(부재전유), 而在蕭牆之內
也(이재소장지내야)."

16-2 천하에 도가 있으면

공자께서 말씀하셨습니다.

"천하에 도가 있으면 예악과 정벌이 천자로부터 나오고, 천하에
도가 없으면 예악과 정벌이 제후로부터 나옵니다. 제후로부터 나
오면 대개 10세대 안에 정권을 잃어버리지 않는 경우가 드물고, 대
부로부터 나오면 5세대 안에 정권을 잃어버리지 않는 경우가 드물
며, 대부의 가신이 나라의 정권을 잡으면 3세대 안에 정권을 잃어
버리지 않는 경우가 드뭅니다. 천하에 도가 있으면 정권은 대부
에게 있지 않으며, 천하에 도가 있으면 일반 백성들이 정치 문제에
대해 논의하지도 않는답니다."

孔子曰(공자왈): "天下有道(천하유도), 則禮樂征伐自天子出(즉
례악정벌자천자출), 天下無道(천하무도), 則禮樂征伐自諸侯出(즉례
악정벌자제후출). 自諸侯出(자제후출), 蓋十世希不失矣(개십세희불실
의), 自大夫出(자대부출), 五世希不失矣(오세희불실의), 陪臣執國命
(배신집국명), 三世希不失矣(삼세희불실의). 天下有道(천하유도), 則
政不在大夫(즉정부재대부). 天下有道(천하유도), 則庶人不議(즉서인
불의)."

16-3 삼환의 자손들이 미약해진 이유

공자께서 말씀하셨습니다.

"녹봉에 대한 권한이 노나라의 조정을 떠난 지 5세대가 되었고, 정권이 대부의 손에 넘어간 지 4세대가 되었습니다. 이 때문에 저 삼환의 자손들이 미약해진 거랍니다."

孔子曰(공자왈): "祿之去公室五世矣(녹지거공실오세의), 政逮於大夫四世矣(정체어대부사세의), 故夫三桓之子孫微矣(고부삼환지자손미의)."

16-4 유익한 벗과 해로운 벗

공자께서 말씀하셨습니다.

"유익한 벗에는 세 가지 유형이 있고, 해로운 벗에도 세 가지 유형이 있습니다. 정직한 사람과 벗하고 진실한 사람을 벗하면서 견문이 많은 사람과 벗하면 유익하고, 아첨하는 사람과 벗하고 부드러운 척하기를 잘하는 사람과 벗하면서 말 잘하는 사람과 벗하면 해롭답니다."

孔子曰(공자왈): "益者三友(익자삼우), 損者三友(손자삼우). 友直(우직), 友諒(우량), 友多聞(우다문), 益矣(익의). 友便辟(우편벽), 友善柔(우선유), 友便佞(우편녕), 損矣(손의)."

16-5 유익한 즐거움과 해로운 즐거움

공자께서 말씀하셨습니다.

"유익한 즐거움에 세 가지가 있고, 해로운 즐거움에 세 가지가 있답니다. 예악의 범주 안에서 절제하는 걸 좋아하고 다른 사람의 훌륭한 점을 말하기를 좋아하면서 현명한 벗이 많은 것을 좋아하면 유익합니다. 교만하게 즐기기를 좋아하고 일 없이 노니는 것을 좋아하면서 연회를 벌여 먹고 마시는 것을 좋아하면 해롭답니다."

孔子曰(공자왈): "益者三樂(익자삼요), 損者三樂(손자삼요). 樂節禮樂(요절례악), 樂道人之善(요도인지선), 樂多賢友(요다현우), 益矣(익의). 樂驕樂(요교락), 樂佚遊(요일유), 樂宴樂(요연락), 損矣(손의)."

16-6 저지르기 쉬운 세 가지 잘못

공자께서 말씀하셨습니다.

"군자를 모실 때 저지르기 쉬운 세 가지 잘못이 있답니다. 자기가 말할 때가 되지도 않았는데 말하는 것을 조급함이라 하고, 말할 때가 되었는데도 말하지 않는 것을 숨김이라 하며, 안색을 살피지도 않고 말하는 것을 눈멂이라고 합니다."

孔子曰(공자왈): "侍於君子有三愆(시어군자유삼건), 言未及之而言謂之躁(언미급지이언위지조), 言及之而不言謂之隱(언급지이불언위지은), 未見顔色而言謂之瞽(미견안색이언위지고)."

16-7 경계해야 할 세 가지

공자께서 말씀하셨습니다.

"군자에게는 세 가지 경계해야 할 것이 있습니다. 젊어서는 혈기가 안정되지 않았으므로 여색에 빠지는 것을 경계해야 하고, 장성하여서는 혈기가 왕성해지므로 싸움에 휘말리는 것을 경계해야 하며, 늙어서는 혈기가 쇠약해지므로 탐욕에 빠지는 것을 경계해야 한답니다."

孔子曰(공자왈):"君子有三戒(군자유삼계), 少之時(소지시), 血氣
未定(혈기미정), 戒之在色(계지재색), 及其壯也(급기장야), 血氣方剛
(혈기방강), 戒之在鬪(계지재투), 及其老也(급기로야), 血氣旣衰(혈기
기쇠), 戒之在得(계지재득)."

16-8 세 가지 두려워하는 것
공자께서 말씀하셨습니다.

"군자에게는 세 가지 두려워하는 것이 있습니다. 천명을 두려워
하고, 대인을 두려워하며, 성인의 말씀을 두려워하는 겁니다. 소인
은 천명을 알지 못하므로 두려워하지도 않고, 대인을 업신여기며,
성인의 말씀마저도 깔본답니다."

孔子曰(공자왈):,"君子有三畏(군자유삼외), 畏天命(외천명), 畏大
人(외대인), 畏聖人之言(외성인지언). 小人不知天命而不畏也(소인
부지천명이불외야), 狎大人(압대인), 侮聖人之言(모성인지언)."

16-9 배움의 등급
공자께서 말씀하셨습니다.

"태어나면서부터 아는 사람은 상급이고, 배워서 아는 사람은 그
다음 등급이며, 어려움을 겪고 나서 배우는 사람은 또 그다음이랍
니다. 곤란을 겪고 나서도 배우지 않는 사람은 백성들인데 하급이
라 합니다."

孔子曰(공자왈):,"生而知之者上也(생이지지자상야), 學而知之者

次也(학이지지자차야), 困而學之(곤이학지), 又其次也(우기차야), 困
而不學(곤이불학), 民斯爲下矣(민사위하의)."

16-10 아홉 가지 생각할 것
공자께서 말씀하셨습니다.

"군자에게는 아홉 가지 생각할 것이 있답니다. 볼 때는 명확하게
보았는가를 생각하고, 들을 때는 똑똑하게 들었는가를 생각하며,
안색이 온화한가를 생각하고, 몸가짐이 공손한가를 생각하며, 말
이 진실한지를 생각하고, 일을 처리할 때 신중한가를 생각하며, 의
문이 들 때는 물어보아야 할 것을 생각하고, 화날 때는 겪게 될 어
려움을 생각하며, 이익을 얻을 때는 의로운 것인가를 생각해야 한
답니다."

孔子曰(공자왈):, "君子有九思(군자유구사), 視思明(시사명), 聽思
聰(청사총), 色思溫(색사온), 貌思恭(모사공), 言思忠(언사충), 事思
敬(사사경), 疑思問(의사문), 忿思難(분사난), 見得思義(견득사의)."

16-11 숨어 살면서 자신의 의지를 추구하고
공자께서 말씀하셨습니다.

"선한 것을 보면 해내지 못할까 걱정하고, 선하지 않은 것을 보
면 끓는 물에 손을 넣어보는 것처럼 경계해야 합니다. 나는 그러한
사람도 보았고 그런 말도 들었답니다. 숨어 살면서 자신의 의지를
추구하고 의로움을 실천하면서 자신의 도를 달성한다고 하는데,
나는 그런 말을 들었지만 그러한 사람은 아직 보지 못했답니다."

孔子曰(공자왈): "見善如不及(견선여불급), 見不善如探湯(견불선여탐탕). 吾見其人矣(오견기인의), 吾聞其語矣(오문기어의). 隱居以求其志(은거이구기지), 行義以達其道(행의이달기도). 吾聞其語矣(오문기어의), 未見其人也(미견기인야)."

16-12 경공과 백이숙제

제나라 경공은 말 사천 필을 갖고 있었는데, 그가 죽던 날 백성들은 그의 덕에 대해 칭송하지 않았습니다. 백이와 숙제는 수양산 아래서 굶어죽었지만, 백성들은 오늘날까지 칭송하고 있습니다. 아마도 이런 것을 두고 하는 말일까요?

齊景公有馬千駟(제경공유마천사), 死之日(사지일), 民無德而稱焉(민무덕이칭언). 伯夷叔齊餓于首陽之下(백이숙제아우수양지하), 民到于今稱之(민도우금칭지). 其斯之謂與(기사지위여)?

16-13 한 가지를 물었다가 세 가지를 얻었으니

진항이 공자의 아들 백어(공리)에게 물었습니다.

"당신께서는 또한 아버지로부터 특별한 말을 들었습니까?"

백어가 대답했습니다.

"아직은 없습니다. 한번은 아버님께서 홀로 서 계시는데 제가 종종걸음으로 마당을 지나갔더니, '시를 배웠느냐?'라고 하셔서 '아직 배우지 못했습니다'라고 대답했죠. 그랬더니 '시를 배우지 않으면 말을 할 수 없다'라고 하셨습니다. 저는 물러나와 시를 배웠습니다. 훗날 또 혼자 서 계시는데 제가 종종걸음으로 마당을 지나갔더니, '예를 배웠느냐?'라고 하시더군요. '아직 안 배웠습니다'라고 대답했더니 '예를 배우지 않으면 바로 설 수 없다'라고 하셨습니다. 저는 물러나와 예를 배웠습니다. 이 두 가지를 들었답니다."

진항은 물러나와 기뻐하며 말했습니다.

"한 가지를 물었다가 세 가지를 얻었으니, 시를 들었고, 예를 들었으며, 또 군자가 자기 자식을 멀리한다는 것을 알게 되었습니다."

陳亢問於伯魚曰(진항문어백어왈): "子亦有異聞乎(자역유이문호)?" 對曰(대왈): "未也(미야). 嘗獨立(상독립), 鯉趨而過庭(리추이과정). 曰(왈): '學詩乎(학시호)?' 對曰(대왈): '未也(미야).' '不學詩(불학시), 無以言(무이언).' 鯉退而學詩(리퇴이학시). 他日(타일), 又獨立(우독립), 鯉趨而過庭(리추이과정). 曰(왈): '學禮乎(학례호)?' 對曰(대왈): '未也(미야).' '不學禮(불학례), 無以立(무이립).' 鯉退而學禮(리퇴이학례). 聞斯二者(문사이자)." 陳亢退而喜曰(진항퇴이희왈): "問一得三(문일득삼), 聞詩聞禮(문시문례), 又聞君子之遠其子也(우문군자지원기자야)."

16-14 나라의 임금이 아내를 부를 때

(공자께서 말씀하셨습니다.)

나라의 임금이 아내를 부를 때는 부인이라 하고, 부인이 스스로를 칭할 때는 '소동'이라 하며, 나라 안의 사람들이 부를 때는 '군부인'이라 하고, 다른 나라 사람에게 말할 때는 '과소군'이라 합니다. 다른 나라 사람이 그녀를 부를 때도 또한 '군부인'이라고 합니다.

邦君之妻(방군지처), 君稱之曰夫人(군칭지왈부인), 夫人自稱曰小童(부인자칭왈소동), 邦人稱之曰君夫人(방인칭지왈군부인), 稱諸異邦曰寡小君(칭저이방왈과소군), 異邦人稱之亦曰君夫人(이방인칭지역왈군부인).

양화
陽貨

• • •

17-1 세월은 나와 함께하지는 않습니다

양화(계씨의 가신)가 공자를 만나고자 했으나, 공자께서 만나려 하지 않자, 공자께 삶은 돼지를 선물로 보냈습니다. 공자께서는 그가 없는 틈을 타서 사례를 하러 갔는데 돌아오는 길에서 우연히 그를 만났습니다. 양화가 지나치는 공자에게 말했습니다.

"이리 오시지요. 제가 당신과 할 말이 있습니다."

양화가 말을 이었습니다.

"그 보물을 품고서 자신의 나라를 어지럽힌다면 인(仁)하다고 할 수 있겠습니까?"

공자께서 대답했습니다.

"그렇다고 할 순 없습니다."

"정사에 종사하는 것을 좋아하면서 자주 때를 놓친다면 지혜롭다고 할 수 있겠습니까?"

공자께서 대답했습니다.

"그렇다고 할 순 없습니다."

"해와 달이 가버리듯 세월은 나와 함께하지는 않습니다."

공자께서 대답했습니다.

"좋습니다. 내 장차 벼슬길에 나아갈 겁니다."

陽貨欲見孔子(양화욕견공자), 孔子不見(공자불견), 歸孔子豚(귀공자돈). 孔子時其亡也(공자시기망야), 而往拜之(이왕배지). 遇諸塗(우저도). 謂孔子曰(위공자왈): "來(래)! 予與爾言(여여이언)." 曰(왈): "懷其寶而迷其邦(회기보이미기방), 可謂仁乎(가위인호)?" 曰(왈): "不可(불가)." "好從事而亟失時(호종사이극실시), 可謂知乎(가위지호)?" 曰(왈): "不可(불가)." "日月逝矣(일월서의), 歲不我與(세불아여)." 孔子曰(공자왈): "諾(낙), 吾將仕矣(오장사의)."

17-2 본성은 서로 비슷하지만

공자께서 말씀하셨습니다.

"타고난 본성은 서로 비슷하지만 습관 때문에 서로 멀어지게 됩니다."

공자께서 말씀하셨습니다.

"오직 위로는 지식인과 아래로는 어리석은 사람만이 변하지 않습니다."

子曰(자왈): "性相近也(성상근야), 習相遠也(습상원야)."

子曰(자왈): "唯上知與下愚不移(유상지여하우불이)."

17-3 군자가 도를 배우면 남을 사랑하고

공자께서 무성(노나라의 도성)에서 현악기 소리에 따라 부르는 노래 소리를 들으셨습니다. 공자께서는 빙그레 웃으시면서 말씀하셨습니다.

"닭을 잡는데 어찌하여 소 잡는 칼을 쓰는가?"

제자 자유가 대답했습니다.

"예전에 저는 스승님으로부터 '군자가 도를 배우면 남을 사랑하고, 소인이 도를 들으면 부리기 쉽다'고 하신 말씀을 들었습니다."

공자께서 말씀하셨습니다.

"제자들아, 언(자유)의 말이 옳구나. 아까 한 말은 그를 놀려주기 위해 한 농담이었을 뿐이란다."

子之武城(자지무성), 聞弦歌之聲(문현가지성). 夫子莞爾而笑曰(부자완이이소왈): "割雞焉用牛刀(할계언용우도)?" 子游對曰(자유대왈): "昔者偃也聞諸夫子曰(석자언야문저부자왈): '君子學道則愛人(군자학도즉애인), 小人學道則易使也(소인학도즉역사야).'" 子曰(자왈): "二三者(이삼자)! 偃之言是也(언지언시야). 前言戲之耳(전언희지이)."

17-4 어찌 나를 헛되이 불렀겠느냐?

공산불요(계씨의 가신)가 비읍에서 반란을 일으키고 공자를 부르자, 공자께서 가려고 하셨습니다. 그러자 자로가 언짢아하며 말했습니다.

"가실 곳이 없으면 그만이지, 어찌 하필 공산씨에게 가시려고 하십니까?"

공자께서 말씀하셨습니다.

"그 사람이 어찌 나를 헛되이 불렀겠느냐? 만약 나를 등용해 주는 사람이 있다면 나는 그곳을 동쪽의 주나라로 만들 것이란다."

公山弗擾以費畔(공산불요이비반), 召(소), 子欲往(자욕왕). 子路不說(자로불열), 曰(왈): "末之也已(말지야이), 何必公山氏之之也(하필공산씨지지야)?" 子曰(자왈): "夫召我者(부소아자), 而豈徒哉(이개도재)? 如有用我者(여유용아자), 吾其爲東周乎(오기위동주호)?"

17-5 공손하면 모욕을 당하지 않고

자장이 인(仁)에 관해 공자께 여쭈었습니다. 공자께서 말씀하셨습니다.

"다섯 가지를 천하에 실행할 수 있으면 그것이 바로 인(仁)이란다."

자장이 그 내용을 여쭙자, 공자께서 말씀하셨습니다.

"공손함, 너그러움, 믿음, 영민함, 은혜란다. 공손하면 모욕을 당하지 않고, 너그러우면 대중의 지지를 얻으며, 믿음직스러우면 사람들의 신임을 얻고, 영민하면 공을 세우게 되며, 은혜로우면 충분히 다른 사람을 부릴 수가 있지."

子張問仁於孔子(자장문인어공자). 孔子曰(공자왈): "能行五者於天下爲仁矣(능행오자어천하위인의)." "請問之(청문지)." 曰(왈): "恭寬信敏惠(공관신민혜). 恭則不侮(공즉불모), 寬則得衆(관즉득중), 信則人任焉(신

즉인임언), 敏則有功(민즉유공), 惠則足以使人(혜즉족이사인)."

17-6 내가 어찌 조롱박이더냐

필힐이 부르자 공자께서 가시려고 하자, 자로가 말했습니다.

"예전에 저는 스승님께 이런 말씀을 들었습니다. '친히 자신의 몸으로 나쁜 짓을 한 자들 틈에 군자는 들어가지 않는다'고 말입니다. 하물며 필힐은 중모에서 반란을 일으켰는데 스승님께선 가시려 하시니 어찌된 일입니까?"

공자께서 말씀하셨습니다.

"그래, 그런 말을 한 적이 있었지. 그러나 워낙 견고하면 갈아도 닳지 않는다고 한다. 또 워낙 희면 검은 물을 들여도 검어지지 않는다고 하지 않더냐. 내가 어찌 조롱박이더냐? 어찌 매달린 채 식용으로 쓰이지 않을 수 있겠느냐?"

佛肹召(필힐소), 子欲往(자욕왕). 子路曰(자로왈): "昔者由也聞諸夫子曰(석자유야문저부자왈): '親於其身爲不善者(친어기신위불선자), 君子不入也(군자불입야).' 佛肹以中牟畔(필힐이중모반), 子之往也(자지왕야), 如之何(여지하)?" 子曰(자왈): "然(연), 有是言也(유시언야). 不曰堅乎(불왈견호), 磨而不磷(마이불린), 不曰白乎(불왈백호), 涅而不緇(열이불치). 吾豈匏瓜也哉(오개포과야재)? 焉能繫而不食(언능계이불식)?"

17-7 여섯 마디 말과 여섯 가지 폐단

공자께서 말씀하셨습니다.

"유(자로)야! 너는 여섯 마디 말과 그에 따른 여섯 가지 폐단에 대해 들어보았느냐?"

자로가 대답했습니다.

"아직 들어보지 못했습니다."

공자께서 말씀하셨습니다.

"앉아라. 내 너에게 얘기해 주마. 인을 좋아하면서 배우기를 좋아하지 않으면 그 폐단은 어리석게 되고, 지식을 좋아하면서 배우기를 좋아하지 않으면 그 폐단은 방자하게 된단다. 신의를 좋아하면서 배우기를 좋아하지 않으면 그 폐단은 자신을 해치는 것이고, 정직을 좋아하면서 배우기를 좋아하지 않으면 그 폐단은 강요하게 되며, 용기를 좋아하면서 배우기를 좋아하지 않으면 그 폐단은 혼란스럽게 되고, 굳세기를 좋아하면서 배우기를 좋아하지 않으면 그 폐단은 사리분별을 못하게 된단다."

子曰(자왈): "由也(유야)! 女聞六言六蔽矣乎(여문육언육폐의호)?" 對曰(대왈): "未也(미야)." "居(거)! 吾語女(오어여). 好仁不好學(호인불호학), 其蔽也愚(기폐야우), 好知不好學(호지불호학), 其蔽也蕩(기폐야탕), 好信不好學(호신불호학), 其蔽也賊(기폐야적), 好直不好學(호직불호학), 其蔽也絞(기폐야교), 好勇不好學(호용불호학), 其蔽也亂(기폐야란), 好剛不好學(호강불호학), 其蔽也狂(기폐야광)."

17-8 『시경』의 유익함

공자께서 말씀하셨습니다.

"너희는 어찌하여 아무도 『시경』을 배우지 않느냐? 『시경』의 시는 감흥을 일으킬 수도 있고, 인정과 풍속을 살필 수도 있으며, 여러 사람을 모을 수도 있고, 사회의 병폐를 원망할 수도 있으며, 가까이로는 부모를 섬길 수 있고, 멀리로는 임금을 섬길 수 있으며, 새와 짐승과 풀과 나무의 이름을 많이 알게 된단다."

공자께서 백어(공자의 아들)에게 말씀하셨습니다.

"너는 『시경』의 「주남」과 「소남」을 배웠느냐? 사람이 「주남」과 「소남」을 배우지 않으면, 담벼락을 마주하고 서 있는 것과도 같을 게야."

子曰(자왈): "小子何莫學夫詩(소자하막학부시)? 詩(시), 可以興(가이흥), 可以觀(가이관), 可以羣(가이군), 可以怨(가이원). 邇之事父(이지사부), 遠之事君(원지사군), 多識於鳥獸草木之名(다식어조수초목지명)."

子謂伯魚曰(자위백어왈): "女爲周南召南矣乎(여위주남소남의호)? 人而不爲周南召南(인이불위주남소남), 其猶正牆面而立也與(기유정장면이립야여)?"

17-9 예와 음악을 말한다는 것

공자께서 말씀하셨습니다.

"예를 말하고 예를 말한다는 것이 옥이나 비단을 말한 것이겠습니까? 음악을 말하고 음악을 말한다는 것이 종이나 북을 말한 것이겠습니까?"

子曰(자왈): "禮云禮云(예운예운), 玉帛云乎哉(옥백운호재)? 樂云樂云(악운악운), 鐘鼓云乎哉(종고운호재)?"

17-10 얼굴빛은 엄격하지만

공자께서 말씀하셨습니다.

"얼굴빛은 엄격하지만 마음이 나약한 것은 소인으로 비유하자면, 벽에 구멍을 뚫고 들어가는 도둑과 같답니다."

子曰(자왈): "色厲而內荏(색려이내임), 譬諸小人(비저소인), 其猶穿窬之盜也與(기유천유지도야여)?"

17-11 덕을 해치는 자

공자께서 말씀하셨습니다.

"향원(양민에게 폐해를 주는 촌락의 토호)은 덕을 해치는 자랍니다."

子曰(자왈): "鄕愿(향원), 德之賊也(덕지적야)."

17-12 덕을 포기하는 것

공자께서 말씀하셨습니다.

"길에서 듣고 곧바로 길에서 말하는 것은 덕을 포기하는 것이랍니다."

子曰(자왈): "道聽而塗說(도청이도설), 德之棄也(덕지기야)."

17-13 비루한 자의 행실

공자께서 말씀하셨습니다.

"비루한 사람과 함께 임금을 섬길 수 있겠습니까? 그러한 자는 관직을 얻지 못하였을 때는 얻으려고 근심하고, 얻고 나서는 잃을까 걱정을 합니다. 만약 관직을 잃을까 걱정하면 못하는 짓이 없게 될 겁니다."

子曰(자왈): "鄙夫可與事君也與哉(비부가여사군야여재)? 其未得之也
(기미득지야), 患得之(환득지). 旣得之(기득지), 患失之(환실지). 苟患失
之(구환실지), 無所不至矣(무소부지의)."

17-14 세 가지 고질병

공자께서 말씀하셨습니다.

"옛날의 백성들에게는 세 가지 고질병이 있었는데, 요즘엔 이것
마저도 없어진 듯합니다. 옛날의 경망스러운 사람은 작은 일에 얽
매이지 않았지만, 오늘날의 경망스러운 사람은 방탕하게 삽니다.
옛날의 긍지가 센 사람은 모가 난 듯 개성이 있었는데, 요즘의 긍
지가 센 사람은 다투기만 합니다. 옛날의 어리석은 사람은 정직했
지만 오늘날의 어리석은 사람은 속이기만 합니다."

子曰(자왈): "古者民有三疾(고자민유삼질), 今也或是之亡也(금야혹시
지망야). 古之狂也肆(고지광야사), 今之狂也蕩(금지광야탕), 古之矜也廉
(고지긍야렴), 今之矜也忿戾(금지긍야분려), 古之愚也直(고지우야직), 今
之愚也詐而已矣(금지우야사이이의)."

17-15 교언영색

공자께서 말씀하셨습니다.

"말을 교묘히 하고 얼굴빛을 꾸미는 자들에게는 인이 드물답니
다."

子曰(자왈): "巧言令色(교언영색), 鮮矣仁(선의인)."

17-16 싫어한 세 가지

공자께서 말씀하셨습니다.

"나는 자주색이 붉은색의 지위를 빼앗는 것을 싫어하고, 정나라 음악이 아악(민간음악과 구별되는 궁중음악)을 어지럽히는 것을 싫어하며, 날카로운 입이 나라를 뒤엎은 것을 싫어합니다."

子曰(자왈):"惡紫之奪朱也(오자지탈주야), 惡鄭聲之亂雅樂也(오정성지란아악야), 惡利口之覆邦家者(오리구지복방가자)."

17-17 하늘이 무슨 말을 하더냐?

공자께서 말씀하셨습니다.

"나는 말을 하지 않으련다."

자공이 말했습니다.

"스승님께서 말씀을 하지 않으시면 저희가 어떻게 기술하겠습니까?"

공자께서 말씀하셨습니다.

"하늘이 무엇을 말하더냐? 그래도 사계절이 운행되고 만물이 생겨나지만, 하늘이 무슨 말을 하더냐?"

子曰(자왈):"予欲無言(여욕무언)."子貢曰(자공왈):"子如不言(자여불언), 則小子何述焉(즉소자하술언)?"子曰(자왈):"天何言哉(천하언재)? 四時行焉(사시행언), 百物生焉(백물생언), 天何言哉(천하언재)?"

17-18 비파를 가져와 노래를 불러

유비(노나라 사람)가 공자를 만나려 했으나, 공자께서는 병을 핑계로 거절하였습니다. 명을 전하는 사람이 문을 나서자, 비파를 가져와 노래를 불러 그로 하여금 듣도록 하였습니다.

孺悲欲見孔子(유비욕견공자), 孔子辭以疾(공자사이질). 將命者出戶(장명자출호), 取瑟而歌(취슬이가), 使之聞之(사지문지).

17-19 삼년상

재아(공자의 제자)가 여쭈었습니다.

"삼년상은 기간이 너무 깁니다. 군자가 3년 동안 예를 행하지 않으면 예는 반드시 무너질 겁니다. 3년 동안 음악을 연주하지 않으면 음악도 반드시 무너질 겁니다. 묵은 곡식이 모두 없어지고 햇곡식이 나오며, 나무판에 구멍을 뚫고 마찰하여 불을 얻는 데 1년이면 충분합니다."

공자께서 말씀하셨습니다.

"쌀밥을 먹고 비단옷을 입는 것이 너에게는 편안하겠느냐?"

재아가 대답했습니다.

"편안합니다."

"네가 편안하다면 그렇게 하여라. 대체로 군자는 상을 치르는 기간에 기름진 것을 먹어도 감미롭지 않고, 음악을 들어도 즐겁지 않으며, 집에 있어도 편안치가 않단다. 그렇기에 그렇게 하지 않는 거란다. 지금 네가 편안하다면 그렇게 하여라."

재아가 나가자 공자께서 말씀하셨습니다.

"여의 어질지 못함이여! 자식은 태어나서 3년이 지나야만 부모의 품을 벗어난다. 그러니 삼년상은 천하에 통용되는 상례지. 여도 그의 부모에 대한 3년의 사랑이 있을까?"

宰我問(재아문), "三年之喪(삼년지상), 期已久矣(기이구의). 君子三年不爲禮(군자삼년불위례), 禮必壞(예필괴), 三年不爲樂(삼년불위악), 樂必崩(악필붕). 舊穀旣沒(구곡기몰), 新穀旣升(신곡기승), 鑽燧改火(찬수개화), 期可已矣(기가이의)." 子曰(자왈) : "食夫稻(식부도), 衣夫錦(의부금), 於女安乎(어여안호)?" 曰(왈) : "安(안)." "女安則爲之(여안즉위지)! 夫君子之居喪(부군자지거상), 食旨不甘(식지불감), 聞樂不樂(문악불악), 居處不安(거처불안), 故不爲也(고불위야). 今女安則爲之(금여안즉위지)!" 宰我出(재아출). 子曰(자왈) : "予之不仁也(여지불인야)! 子生三年(자생삼년), 然後免於父母之懷(연후면어부모지회). 夫三年之喪(부삼년지상), 天下之通喪也(천하지통상야), 予也有三年之愛於其父母乎(여야유삼년지애어기부모호)?"

17-20 장기와 바둑이라도 두어라

공자께서 말씀하셨습니다.

"온종일 배불리 먹기만 하고 마음을 쓰는 데가 없다면 난감합니다! 장기의 일종인 육박과 바둑이라는 것이 있지 않습니까? 그것이라도 하는 것이 안 하는 것보다 오히려 현명합니다."

子曰(자왈) : "飽食終日(포식종일), 無所用心(무소용심), 難矣哉(난의재)! 不有博奕者乎(불유박혁자호)? 爲之猶賢乎已(위지유현호이)."

17-21 군자는 의로움을 최상으로 여긴다

자로가 여쭈었습니다.

"군자는 용기를 숭상합니까?"

공자께서 말씀하셨습니다.

"군자는 의로움을 으뜸으로 여긴단다. 군자에게 용기만 있고 의로움이 없다면 난을 일으키게 되고, 소인에게 용기만 있고 의로움이 없다면 도적이 될 것이야."

子路曰(자로왈): "君子尙勇乎(군자상용호)?" 子曰(자왈): "君子義以爲上(군자의이위상), 君子有勇而無義爲亂(군자유용이무의위란), 小人有勇而無義爲盜(소인유용이무의위도)."

17-22 군자가 미워하는 것

자공이 여쭈었습니다.

"군자도 미워하는 게 있습니까?"

공자께서 말씀하셨습니다.

"미워하는 게 있지. 다른 사람의 나쁜 점을 말하는 걸 미워하고, 밑에 있으면서 윗사람을 비방하는 걸 미워하며, 용맹스럽기만 하고 예의가 없는 사람을 미워하고, 과감하기만 하고 융통성 없는 사람을 미워하지."

이어서 말씀하셨습니다.

"사(자공)야, 너도 미워하는 게 있느냐?"

"남의 것을 표절한 것을 지혜롭다고 여기는 사람을 미워하고, 공손하지 못한 것을 용맹스럽다고 여기는 사람을 미워하며, 남의 결점을 들추어내는 것을 정직하다고 여기는 사람을 미워합니다."

子貢曰(자공왈): "君子亦有惡乎(군자역유오호)?" 子曰(자왈): "有惡

(유오), 惡稱人之惡者(오칭인지악자), 惡居下流而訕上者(오거하류이산
상자), 惡勇而無禮者(오용이무례자), 惡果敢而窒者(오과감이질자)." 曰
(왈): "賜也亦有惡乎(사야역유오호)?" "惡徼以爲知者(오요이위지자), 惡
不孫以爲勇者(오불손이위용자), 惡訐以爲直者(오알이위직자)."

17-23 여자와 소인

공자께서 말씀하셨습니다.

"오직 여자와 소인은 상대하기가 어렵습니다. 가까이 하면 불손
해지고, 멀리하면 원망을 합니다."

子曰(자왈): "唯女子與小人爲難養也(유녀자여소인위난양야), 近之則
不孫(근지즉불손), 遠之則怨(원지즉원)."

17-24 나이 마흔이 되어서도

공자께서 말씀하셨습니다.

"나이 마흔이 되어서도 미움을 받는다면, 그야말로 끝이랍니다."

子曰(자왈): "年四十而見惡焉(연사십이견오언), 其終也已(기종야이)."

미자
微子

• ● •

18-1 세 명의 인자

미자(은나라의 폭군 주왕의 형)는 주왕을 떠나갔고, 기자(주왕의 숙부)
는 주왕의 노예가 되었으며, 비간은 주왕에게 간언을 하다 죽었습
니다.

공자께서 말씀하셨습니다.

"은나라에는 세 명의 인자가 있었답니다."

微子去之(미자거지), 箕子爲之奴(기자위지노), 比干諫而死(비간간이
사). 孔子曰(공자왈): "殷有三仁焉(은유삼인언)."

18-2 세 번이나 쫓겨남

유하혜(노나라의 대부)가 사사(소송을 관장하는 법관)라는 벼슬에서

세 번이나 쫓겨나자, 어떤 사람이 말했습니다.

"당신은 이런 나라에서 떠날 수 없었습니까?"

유하혜가 말했습니다.

"도를 바르게 하여 남을 섬기다면, 어디에 간들 세 번 쫓겨나지 않겠소? 도를 굽혀서 남을 섬기려 한다면, 굳이 부모의 나라를 떠날 필요가 있겠소?"

柳下惠爲士師(유하혜위사사), 三黜(삼출). 人曰(인왈):"子未可以去乎(자미가이거호)?"曰(왈):"直道而事人(직도이사인), 焉往而不三黜(언왕이불삼출)? 枉道而事人(왕도이사인), 何必去父母之邦(하필거부모지방)?"

18-3 공자의 등용 거부

제나라의 경공이 공자의 대우문제에 대해 말했습니다.

"만약 계손씨(上卿)처럼 대우를 원한다면 나는 할 수가 없고, 계손씨와 맹손씨(下卿)의 중간으로 대우하겠소이다."

이어서 경공이 다시 말했습니다.

"나도 늙었나 봅니다. 당신을 등용할 수가 없소이다."

이 말을 듣고 나서 공자는 제나라를 떠났습니다.

齊景公待孔子曰(제경공대공자왈):"若季氏(약계씨), 則吾不能(즉오불능), 以季孟之間待之(이계맹지간대지)."曰(왈):"吾老矣(오로의), 不能用也(불능용야)."孔子行(공자행).

18-4 노나라를 떠나는 공자

제나라 사람이 여자 가무단을 보내오자 계환자(노나라의 대부)가 그들을 받아들이곤 사흘 동안이나 조회를 열지 않자, 공자께서는 노나라를 떠나버렸습니다.

齊人歸女樂(제인귀녀악), 季桓子受之(계환자수지), 三日不朝(삼일불조), 孔子行(공자행).

18-5 미치광이 접여의 충고

초나라에서 미치광이 노릇을 하고 있던 현인 접여가 공자가 있는 곳을 지나가면서 노래했습니다.

"봉황(공자를 상징)이여! 봉황이여! 어찌 그토록 당신의 덕을 쇠락하게 만드는가? 지나간 것은 돌이켜 간언할 수 없지만 다가오는 일은 좇아갈 수 있다네. 그러나 그만두시게, 그만두시게! 지금 정치를 하는 자들은 위태롭다네."

공자께서 수레에서 내려 그와 이야기를 하려 했지만 그가 종종걸음을 쳐서 공자를 피했으므로 그와 함께 이야기할 수가 없었습니다.

楚狂接輿歌而過孔子曰(초광접여가이과공자왈): "鳳兮鳳兮(봉혜봉혜)! 何德之衰(하덕지쇠)? 往者不可諫(왕자불가간), 來者猶可追(내자유가추). 已而已而(이이이이)! 今之從政者殆而(금지종정자태이)!"孔子下(공자하), 欲與之言(욕여지언). 趨而辟之(추이벽지), 不得與之言(부득여지언).

18-6 은자 걸익과 공자

은자인 장저와 걸익이 쟁기질로 밭을 가는데, 공자께서 그곳을 지나가다가 자로에게 나루터가 어디에 있는지 물어보게 하셨습니다. 장저가 말했습니다.

"저기 수레 고삐를 잡고 있는 사람은 누구요?"

자로가 말했습니다.

"공구이십니다."

장저가 말했습니다.

"노나라의 공구란 말이오?"

자로가 대답했습니다.

"그렇습니다."

장저가 말했습니다.

"그 사람은 나루터를 알고 있을 것이오."

자로가 재차 묻자, 걸익이 말했습니다.

"그대는 누구시오?"

자로가 대답했습니다.

"중유(자로)라고 합니다."

걸익이 말했습니다.

"노나라 공구의 제자란 말이오?"

자로가 대답했습니다.

"그렇습니다."

걸익이 말했습니다.

"도도하게 흐르는 강물처럼 천하는 모두가 이렇게 흘러가는데 누가 그걸 바꾼단 말이오? 그대 또한 사람을 피해 다니는 선비를 따르는 것이, 어찌 세상을 피해 다니는 우리와 같은 선비를 따르는 것만 하겠소?"

그러고는 밭가는 일을 그만두지 않았습니다. 자로는 있었던 일을 공자께 보고했습니다. 공자께서는 실망스러운 듯 말씀했습니다.

"새나 짐승들과 함께 무리를 지어 살 수는 없을진대, 내가 이 세상 사람들과 더불어 살지 않고 누구와 함께 산다는 말이냐? 천하에 도가 있다면 나는 바꾸는 일엔 참여하진 않을 게야."

長沮桀溺耦而耕(장저걸익우이경), 孔子過之(공자과지), 使子路問津焉(사자로문진언). 長沮曰(장저왈): "夫執輿者爲誰(부집여자위수)?"子路曰(자로왈): "爲孔丘(위공구)." 曰(왈): "是魯孔丘與(시노공구여)?"曰(왈): "是也(시야)." 曰(왈): "是知津矣(시지진의)." 問於桀溺(문어걸익). 桀溺曰(걸익왈): "子爲誰(자위수)?"曰(왈): "爲仲由(위중유)." 曰(왈): "是魯孔丘之徒與(시노공구지도여)?"對曰(대왈): "然(연)." 曰(왈): "滔滔者天下皆是也(도도자천하개시야), 而誰以易之(이수이역지)? 且而與其從辟人之士也(차이여기종벽인지사야), 豈若從辟世之士哉(기약종벽세지사재)?"耰而不輟(우이불철). 子路行以告(자로행이고). 夫子憮然曰(부자무연왈): "鳥獸不可與同羣(조수불가여동군), 吾非斯人之徒與而誰與(오비사인지도여이수여)? 天下有道(천하유도), 丘不與易也(구불여역야)."

18-7 벼슬을 하지 않는 것은 의로운 일이 아닙니다
자로가 공자를 수행하던 도중 뒤처져 가다가 한 노인을 만났는

데, 지팡이를 이용해 삼태기를 메고 있었습니다. 자로가 공손히 물었습니다.

"어르신, 우리 스승님을 보셨는지요?"

노인이 말했습니다.

"사지를 부지런히 놀리지도 않고 오곡도 분별하지 못하는데 누가 스승이란 말이오?"

그러고는 지팡이를 땅에 꽂아놓고 김을 매는 것이었습니다. 자로는 공손하게 두 손을 마주잡고 서 있었습니다. 노인은 자로에게 하룻밤 자고 가게 했고, 닭을 잡고 기장밥을 지어 먹이고, 두 아들을 불러 인사를 시켰습니다.

다음 날 자로는 공자께 그러한 사실을 보고했습니다. 공자께서 말씀하셨습니다.

"은자이시구나."

그러고는 자로에게 노인을 다시 찾아뵙도록 하였습니다. 자로가 그곳에 이르렀지만 노인은 이미 그곳을 떠나버렸습니다. 되돌아와 자로가 말했습니다.

"벼슬을 하지 않는 것은 의로운 일이 아닙니다. 어른과 아이 사이의 예절은 없앨 수 없거늘, 임금과 신하 사이의 의리를 어찌하여 없애려 하십니까? 그것은 자신의 몸을 깨끗이 하려다가 중대한 인륜을 어지럽히는 겁니다. 군자가 벼슬길에 나아가는 것은 그러한 도의를 실행하는 것입니다. 도가 행해지지 않고 있다는 건 저 역시 이미 알고 있습니다."

子路從而後(자로종이후), 遇丈人(우장인), 以杖荷蓧(이장하조). 子路

問曰(자로문왈): "子見夫子乎(자견부자호)?" 丈人曰(장인왈): "四體不勤(사체불근), 五穀不分(오곡불분). 孰爲夫子(숙위부자)?" 植其杖而芸(식기장이운). 子路拱而立(자로공이립). 止子路宿(지자로숙), 殺雞爲黍而食之(살계위서이식지), 見其二子焉(견기이자언). 明日(명일), 子路行以告(자로행이고). 子曰(자왈): "隱者也(은자야)." 使子路反見之(사자로반견지). 至則行矣(지즉행의). 子路曰(자로왈): "不仕無義(불사무의). 長幼之節(장유지절), 不可廢也(불가폐야), 君臣之義(군신지의), 如之何其廢之(여지하기폐지)? 欲潔其身(욕결기신), 而亂大倫(이란대륜). 君子之仕也(군자지사야), 行其義也(행기의야). 道之不行(도지불행), 已知之矣(이지지의)."

18-8 일민

일민(逸民, 세속을 초월한 사람)으로는 백이와 숙제(은나라 고죽국의 아들들로 서로 왕위를 양보함), 우중(우나라의 군주로 봉해짐), 이일(분명치 않음), 주장(공자와 비견되는 인물), 유하혜(춘추시대의 현자), 소련(상례를 잘 치르는 동이의 아들)이 있습니다. 공자께서 말씀하셨습니다.

"자기의 뜻을 굽히지 않고 자기의 몸을 욕되게 하지 않은 사람은 백이와 숙제랍니다. 또 유하혜와 소련에 대해 평하길 '뜻을 굽히고 몸을 욕되게 했으나 말이 도리에 맞았고, 행동은 사람들의 생각에 부합하였으니, 그들은 그 정도였을 뿐'이랍니다. 우중과 이일에 대해서는 '숨어 살면서 방자하게 말했다고 하는데, 이 두 사람은 몸가짐이 청결하였고 관직을 버린 것도 시의적절하였습니다'. 그러나 나는 이들과 달라서 꼭 해야 할 것도 없고 해서는 안 될 것도 없답니다."

逸民(일민), 伯夷(백이), 叔齊(숙제), 虞仲(우중), 夷逸(이일), 朱張(주장), 柳下惠(유하혜), 少連(소련). 子曰(자왈):"不降其志(불강기지), 不辱其身(불욕기신), 伯夷叔齊與(백이숙제여)!" 謂柳下惠少連(위유하혜소련), 降志辱身矣(강지욕신의), 言中倫(언중륜), 行中慮(행중려), 其斯而已矣(기사이이의). 謂虞仲夷逸(위우중이일), 隱居放言(은거방언), 身中淸(신중청), 廢中權(폐중권). 我則異於是(아즉이어시), 無可無不可(무가무불가).

18-9 악사들의 출국

태사(천자나 제후가 식사할 때 음악을 연주하는 악사의 우두머리) 지는 제나라로 갔고, 아반(두 번째 식사 때의 악사) 간은 초나라로 갔으며, 삼반(세 번째 식사 때의 악사) 요는 채나라로 갔고, 사반(네 번째 식사 때의 악사) 결은 진나라로 갔으며, 고수인 방숙은 황하 지역으로 들어갔고, 소고(손으로 흔드는 작은 북)을 치는 무는 한수 지역으로 들어갔으며, 태사의 부관으로 소사였던 양과 경쇠를 쳤던 양은 바다로 갔습니다.(노나라의 정치가 혼란에 빠지자 악사들이 사방으로 흩어짐을 말하고 있습니다. 『논어』의 원문이 아닌 것으로 추정하고 있습니다.)

大師摯適齊(태사지적제), 亞飯干適楚(아반간적초), 三飯繚適蔡(삼반료적채), 四飯缺適秦(사반결적진), 鼓方叔入於河(고방숙입어하), 播鼗武入於漢(파도무입어한), 少師陽(소사양), 擊磬襄(격경양), 入於海(입어해).

18-10 행하지 말아야 할 것

주공(주나라 무왕의 동생)이 아들 노공에게 말했습니다.

"군자는 자신의 친족에게만 베풀지 않고, 대신으로 하여금 등용되지 않았다고 원망하지 않게 해야 되며, 이전 왕조의 사람들도 큰 문제가 없으면 버리지 말아야 한단다. 한 사람에게 모든 것을 갖출 것을 요구해서도 안 되지."

周公謂魯公曰(주공위노공왈) : "君子不施其親(군자불시기친), 不使大臣怨乎不以(불사대신원호불이). 故舊無大故(고구무대고), 則不棄也(즉불기야). 無求備於一人(무구비어일인)!"

18-11 주나라의 여덟 선비

주나라에는 여덟 명의 선비가 있었으니, 백달, 백괄, 중돌, 중홀, 숙야, 숙하, 계숙, 계왜가 그들입니다.

周有八士(주유팔사), 伯達(백달), 伯适(백괄), 仲突(중돌), 仲忽(중홀), 叔夜(숙야), 叔夏(숙하), 季隨(계수), 季騧(계왜).

자장
子張

• • •

19-1 애경사에 대한 선비의 태도

자장이 말했습니다.

"선비가 위험을 보고선 목숨을 바치고, 이득을 보고선 그것이 의로운지를 생각하며, 제사를 지낼 때는 자신의 태도가 공경스러운가를 생각하고, 상을 당했을 때는 마음이 애절한가를 생각한다면, 그는 괜찮다고 할 수 있을 겁니다."

子張曰(자장왈): "士見危致命(사견위치명), 見得思義(견득사의), 祭思敬(제사경), 喪思哀(상사애), 其可已矣(기가이의)."

19-2 덕과 도의 유용성

자장이 말했습니다.

"덕에 집착해도 넓히지 못하고, 도를 믿어도 그것이 독실하지 않다면, 어찌 있다고 할 수 있으며, 어찌 없다고 할 수 있겠습니까?"

子張曰(자장왈): "執德不弘(집덕불홍), 信道不篤(신도부독), 焉能爲有(언능위유)? 焉能爲亡(언능위망)?"

19-3 사람들과 사귀는 것

자하의 문인이 자장에게 사람들과 사귀는 것에 대해 물었습니다. 자장이 말했습니다.

"자하는 무엇이라 말하던가?"

문인이 대답했습니다.

"자하께서는 '사귈 만한 사람과 더불어 하고, 사귈 만하지 않은 자라면 거절하라'고 하셨습니다.

자장이 말했습니다.

"내가 들은 것과는 다르구나. 군자는 현명한 사람을 존경하고 뭇사람을 포용하며, 유능한 사람을 칭찬하되 무능한 사람도 불쌍히 여긴다 했지. 내가 크게 현명하다면 다른 사람에게 무엇을 용납하지 못하겠는가? 내가 현명한 사람이 아니라면 사람들이 나를 거절할 것이니, 내가 어떻게 남을 거절할 수 있겠는가?"

子夏之門人問交於子張(자하지문인문교어자장). 子張曰(자장왈): "子夏云何(자하운하)?" 對曰(대왈): "子夏曰(자하왈): '可者與之(가자여지), 其不可者拒之(기불가자거지).'" 子張曰(자장왈): "異乎吾所聞(이호오소문), 君子尊賢而容衆(군자존현이용중), 嘉善而矜不能(가선이긍불능). 我之大賢與(아지대현여), 於人何所不容(어인하소불용)? 我之不賢與(아지불현여), 人將拒我(인장거아), 如之何其拒人也(여지하기거인야)?"

19-4 보다 큰 학문에 힘쓸 것

자하가 말했습니다.

"비록 작은 기예일지라도 반드시 볼 만한 것이 있습니다. 하지만 원대한 일을 이루는 데 해가 될 겁니다. 이 때문에 군자는 그런 것을 하지 않는 겁니다."

子夏曰(자하왈): "雖小道(수소도), 必有可觀者焉(필유가관자언), 致遠恐泥(치원공니), 是以君子不爲也(시이군자불위야)."

19-5 배움의 연속성

자하가 말했습니다.

"날마다 내가 모르던 것을 알아나가고, 달마다 내가 할 수 있는 것을 잊지 않는다면, 배움을 좋아한다고 말할 수 있을 겁니다."

子夏曰(자하왈): "日知其所亡(일지기소망), 月無忘其所能(월무망기소능), 可謂好學也已矣(위호학야이의)."

19-6 배움의 의지

자하가 말했습니다.

"널리 배우고 의지를 돈독히 하며, 간절하게 묻고 가까운 것에서부터 생각하면, 인은 그 가운데 있습니다."

子夏曰(자하왈): "博學而篤志(박학이독지), 切問而近思(절문이근사), 仁在其中矣(인재기중의)."

19-7 기술자와 군자

자하가 말했습니다.

"모든 기술자들은 작업장에서 일하면서 자신의 일을 이루고, 군자는 배움으로써 자기의 도를 이룹니다."

子夏曰(자하왈): "百工居肆以成其事(백공거사이성기사), 君子學以致其道(군자학이치기도)."

19-8 소인은 그럴듯하게 꾸며댑니다

자하가 말했습니다.

"소인은 잘못을 저지르면 반드시 그럴듯하게 꾸며댑니다."

子夏曰(자하왈): "小人之過也必文(소인지과야필문)."

19-9 군자의 세 가지 변화

자하가 말했습니다.

"군자는 세 가지 변화가 있으니, 멀리서 바라보면 근엄하고, 가까이 다가가면 온화하고, 그 말을 들으면 엄숙합니다."

子夏曰(자하왈): "君子有三變(군자유삼변), 望之儼然(망지엄연), 卽之也溫(즉지야온), 聽其言也厲(청기언야려)."

19-10 신뢰와 간언의 시기

자하가 말했습니다.

"군자는 신뢰를 얻은 다음에 백성들에게 수고롭게 하니, 미처 신뢰를 받지 못하면 백성들은 자신들을 학대한다고 생각합니다. 신

뢰를 얻은 다음에 윗사람의 잘못을 간언해야 합니다. 신뢰를 얻지
못한 상태에서 간언을 하면 윗사람은 자기를 비방한다고 여깁니
다."

子夏曰(자하왈), "君子信而後勞其民(군자신이후노기민), 未信(미신),
則以爲厲己也(즉이위려기야). 信而後諫(신이후간), 未信(미신), 則以爲
謗己也(즉이위방기야)."

19-11 기본원칙과 유통성
자하가 말했습니다.

"중대한 덕목은 그 규범의 경계를 넘어서는 안 되지만, 사소한
덕목은 그 경계를 좀 드나들어도 괜찮습니다."

子夏曰(자하왈): "大德不踰閑(대덕불유한), 小德出入可也(소덕출입가
야)."

19-12 교육은 자질과 상황에 맞게 해야
자유가 말했습니다.

"자하의 문인과 제자들은 집안을 청소하고, 손님을 응대하며 나
아가고 물러나는 예절은 그럭저럭 괜찮습니다. 그러나 그러한 일
은 말단인 것이고, 근본을 궁구하는 것과 같은 중요한 일은 하지
않으니 어쩌겠는가?"

자하가 그 말을 듣고서는 말합니다.

"아! 언유(자유)가 틀렸구나! 군자의 도에서 어느 것을 먼저 전수
해야 하겠는가? 또 어느 것을 뒤로 돌려 게을리 하겠는가? 이를 풀

이나 나무에 비유하자면 종류에 따라 구별하여 기르는 것과 같습니다. 군자의 도를 어찌 왜곡할 수 있겠는가? 처음이 있고 끝도 있어 온전한 사람은 오직 성인뿐이리라!"

子游曰(자유왈): "子夏之門人小子(자하지문인소자), 當洒掃應對進退(당쇄소응대진퇴), 則可矣(즉가의), 抑末也(억말야). 本之則無如之何(본지즉무여지하)?" 子夏聞之(자하문지), 曰(왈): "噫(희)! 言游過矣(언유과의)! 君子之道(군자지도), 孰先傳焉(숙선전언)? 孰後倦焉(숙후권언)? 譬諸草木(비저초목), 區以別矣(구이별의). 君子之道(군자지도), 焉可誣也(언가무야)? 有始有卒者(유시유졸자), 其唯聖人乎(기유성인호)!"

19-13 벼슬과 학문
자하가 말했습니다.

"벼슬을 하면서도 여유가 있으면 학문을 닦고, 학문을 닦으면서도 여유가 있으면 벼슬을 합니다."

子夏曰(자하왈): "仕而優則學(사이우즉학), 學而優則仕(학이우즉사)."

19-14 상을 당하면
자유가 말했습니다.

"상을 당하면 슬픔이 다하고 나면 거기서 그쳐야 합니다."

子游曰(자유왈): "喪致乎哀而止(상치호애이지)."

19-15 자장에 대한 자유의 평
자유가 말했습니다.

"나의 벗 자장은 어려운 일을 하는 데도 유능하답니다. 그러나 아직 인(仁)하지는 않습니다."

子游曰(자유왈): "吾友張也爲難能也(오우장야위난능야), 然而未仁(연이미인)."

19-16 자장에 대한 증자의 평

증자가 말했습니다.

"당당한 자장이지만 그와 함께 인을 행하기는 어렵습니다."

曾子曰(증자왈): "堂堂乎張也(당당호장야), 難與並爲仁矣(난여병위인의)."

19-17 부모의 상을 당하면

증자가 말했습니다.

"내가 스승님께 들은 바로는 '사람이 아직껏 자신의 정성을 다한 일이 없다고 할지라도 부모의 상을 당하면 반드시 정성을 다할 것이다'라고 하셨답니다."

曾子曰(증자왈): "吾聞諸夫子(오문저부자), 人未有自致者也(인미유자치자야), 必也親喪乎(필야친상호)!"

19-18 하기 어려운 효도

증자가 말했습니다.

"내가 스승님께 들은 바로는 '맹장자(노나라의 대부)의 효도 가운데 다른 것들은 할 수 있겠지만, 아버지의 신하와 정책을 바꾸지 않은 것, 이것은 하기 어렵다'고 하셨습니다."

曾子曰(증자왈): "吾聞諸夫子(오문저부자), 孟莊子之孝也(맹장자지효야), 其他可能也(기타가능야), 其不改父之臣與父之政(기불개부지신여부지정), 是難能也(시난능야)."

19-19 기뻐해서는 안 될 일

맹손씨가 양부(증자의 제자)에게 법을 집행하는 관리인 사사를 시키자, 양부가 증자에게 가르침을 요청했습니다. 증자가 말했습니다.

"윗사람이 자신의 도를 잃어서 백성들이 흩어진 지 오래되었구나. 만약 그들이 그러한 실정을 안다면 슬퍼하고 불쌍히 여길 일이지 기뻐해서는 안 될 일이란다."

孟氏使陽膚爲士師(맹씨사양부위사사), 問於曾子(문어증자). 曾子曰(증자왈): "上失其道(상실기도), 民散久矣(민산구의). 如得其情(여득기정), 則哀矜而勿喜(즉애긍이물희)!"

19-20 싫어하는 강의 하류

자공이 말했습니다.

"주왕이 선하지 않은 것이 그토록 심한 것은 아니었습니다. 이 때문에 군자는 강의 하류에 머무는 것을 싫어하는데, 천하의 악이 모두 그곳으로 모이기 때문입니다."

子貢曰(자공왈): "紂之不善(주지불선), 不如是之甚也(불여시지심야). 是以君子惡居下流(시이군자오거하류), 天下之惡皆歸焉(천하지악개귀언)."

19-21 군자의 잘못은 일식이나 월식 같아서

자공이 말했습니다.

"군자의 잘못은 마치 일식이나 월식과 같아서 잘못을 저지르면 모든 사람들이 그것을 보고, 잘못을 고치면 사람들 모두가 그것을 우러러 보게 됩니다."

子貢曰(자공왈): "君子之過也(군자지과야), 如日月之食焉(여일월지식언), 過也(과야), 人皆見之(인개견지), 更也(갱야), 人皆仰之(인개앙지)."

19-22 모두가 스승

위나라 공손조가 자공에게 물었습니다.

"중니(공자)는 어디서 배웠습니까?"

자공이 말했습니다.

"문왕과 무왕의 도가 아직 땅에 떨어지지 않고 사람들에게 남아 있지요. 현명한 사람은 그중에 위대한 것을 알고 있으며, 현명하지 못한 사람은 그중에 작은 것만을 알고 있지요. 이런 식으로 문왕과 무왕의 도를 지니고 있지 않은 사람이 없으니, 저의 스승님께서 어디에선들 배우지 않았겠습니까? 또 어찌 정해진 스승이 있었겠습니까?"

衛公孫朝問於子貢曰(위공손조문어자공왈): "仲尼焉學(중니언학)?" 子貢曰(자공왈): "文武之道(문무지도), 未墜於地(미추어지), 在人(재인). 賢者識其大者(현자식기대자), 不賢者識其小者(불현자식기소자). 莫不有文武之道焉(막불유문무지도언). 夫子焉不學(부자언불학)? 而亦何常師之有(이역하상사지유)?"

19-23 자공이 중니보다 현명합니다

숙손무숙(노나라의 대부)이 조정에서 대부들에게 말했습니다.

"자공이 중니보다 현명합니다."

자복경백이 그 말을 자공에게 알려주었습니다. 자공이 말했습니다.

"궁중의 담장에 비유하자면 저의 담장은 어깨까지만 이르러서 집안의 좋은 면을 엿볼 수 있지만, 우리 스승님의 담장은 궁궐처럼 몇 길이나 되어서 문을 찾아 들어가지 않으면 종묘의 아름다움과 문무백관이 많다는 사실을 볼 수 없습니다. 그런데 그 문을 찾은 사람이 너무 적으니, 선생께서 그리 말씀하시는 것도 당연하지 않겠습니까?"

叔孫武叔語大夫於朝曰(숙손무숙어대부어조왈): "子貢賢於仲尼(자공현어중니)." 子服景伯以告子貢(자복경백이고자공). 子貢曰(자공왈): "譬之宮牆(비지궁장), 賜之牆也及肩(사지장야급견), 闚見室家之好(규견실가지호). 夫子之牆數仞(부자지장수인), 不得其門而入(부득기문이입), 不見宗廟之美(불견종묘지미), 百官之富(백관지부). 得其門者或寡矣(득기문자혹과의). 夫子之云(부자지운), 不亦宜乎(불역의호)!"

19-24 중니를 헐뜯을 순 없다

숙손무숙이 중니(공자)를 헐뜯었습니다. 자공이 말했습니다.

"그러지 마십시오. 스승이신 중니를 헐뜯을 순 없습니다. 다른 사람들의 현명함은 낮은 구릉과 같아서 넘을 수 있지만, 중니는 해와 달과 같아서 넘을 순 없습니다. 사람들이 비록 스스로 해와 달과의 관계를 끊으려 할지라도 어찌 해와 달에 손상을 끼치겠습니까? 다만 자신이 분수를 모른다는 걸 드러낼 뿐이랍니다."

叔孫武叔毀仲尼(숙손무숙훼중니). 子貢曰(자공왈): "無以爲也(무이위야)! 仲尼不可毀也(중니불가훼야). 他人之賢者(타인지현자), 丘陵也(구릉야), 猶可踰也(유가유야), 仲尼(중니), 日月也(일월야), 無得而踰焉(무득이유언). 人雖欲自絕(인수욕자절), 其何傷於日月乎(기하상어일월호)? 多見其不知量也(다견기부지량야)."

19-25 스승에 대한 예찬

진자금이 자공에게 말했습니다.

"그대가 공손한 것이지, 어찌 중니가 당신보다 현명하겠습니까?"

자공이 말했습니다.

"군자는 말 한마디로 지혜롭다고 여겨지기도 하고, 말 한마디로 지혜롭지 못하다고 여겨지기도 하니, 말을 하는 데 신중하지 않을 수 없습니다. 내가 스승님에게 미칠 수 없는 것은 마치 하늘에 사다리를 놓고 올라갈 수 없는 것과 같습니다. 스승님께서 나라를 얻으셨다면 백성을 세우면 서고, 이끌면 나아가고, 편안하게 해주면 따라오고, 동원하려고 했다면 그들이 화합했을 겁니다. 그분은 살아서는 영광스럽고, 그분이 죽어서는 슬픔으로 가득할 것이니, 제가 어떻게 그분에게 미칠 수 있겠습니까?"

陳子禽謂子貢曰(진자금위자공왈): "子爲恭也(자위공야), 仲尼豈賢於子乎(중니개현어자호)?" 子貢曰(자공왈): "君子一言以爲知(군자일언이위

지), 一言以爲不知(일언이위부지), 言不可不愼也(언불가불신야). 夫子之
不可及也(부자지불가급야), 猶天之不可階而升也(유천지불가계이승야).
夫子之得邦家者(부자지득방가자), 所謂立之斯立(소위립지사립), 道之斯
行(도지사행), 綏之斯來(수지사래), 動之斯和(동지사화). 其生也榮(기생
야영), 其死也哀(기사야애), 如之何其可及也(여지하기가급야)?"

요왈
堯曰

• • •

20-1 역대 임금의 치적

요임금께서 말씀하셨습니다.

"아! 그대 순이여! 하늘의 운수가 그대의 몸에 있으니, 진실로 그 중심을 잡도록 하라. 사해의 백성이 곤궁해지면 하늘이 내려주신 복록도 영원히 끊어질 것이야."

순임금도 우임금에게 왕위를 물려줄 때 이렇게 명하셨습니다. 그리고 탕임금은 말했습니다.

"소자 리(履)는 삼가 검은 수소를 제물로 바치면서 빛나고 빛나신 하느님께 분명하게 아뢰옵니다. 죄가 있는 사람은 감히 용서하지 않겠습니다. 하느님의 신하를 버려두지 않겠으며, 간택은 하느님의 마음에 달려 있습니다. 제 몸에 죄가 있다면 그것은 만방의 백성과는 무관한 일이지만, 만방의 백성들에게 죄가 있다면 그 죄는 저에게 있는 것이옵니다."

주나라에는 하느님이 내리신 큰 하사품이 있었으니 훌륭한 사람이 참으로 풍부했습니다. 무왕이 말했습니다.

"비록 주변에 가까운 친척이 있다 해도 어진 사람만은 못할 것입니다. 백성에게 잘못이 있으면 그 죄는 저 한 사람에게 있습니다."

무왕은 도량형을 신중하게 정하고, 법도를 심의했으며, 폐지되었던 관서를 수복하여 다시 썼으므로 사방의 정사가 잘 시행되었습니다. 멸망한 나라를 부흥시켜주고, 끊어진 대를 이어주었으며, 초야에 묻힌 숨은 인재를 찾아내 등용하였으므로 천하 백성들의 마음이 그에게로 돌아오게 되었습니다. 그가 소중하게 여긴 것은 백성과 식량과 상례와 제사였습니다. 그러니 관대하면 많은 사람을 얻게 되고, 신의가 있으면 백성들도 신임할 것이며, 민첩하면 공로를 세우게 되고, 공정하면 백성들이 기뻐할 겁니다.

堯曰(요왈): "咨(자)! 爾舜(이순)! 天之曆數在爾躬(천지력수재이궁), 允執其中(윤집기중). 四海困窮(사해곤궁), 天祿永終(천록영종)." 舜亦以命禹(순역이명우). 曰(왈): "予小子履敢用玄牡(여소자리감용현모), 敢昭告于皇皇后帝(감소고우황황후제), 有罪不敢赦(유죄불감사). 帝臣不蔽(제신불폐), 簡在帝心(간재제심). 朕躬有罪(짐궁유죄), 無以萬方(무이만방), 萬方有罪(만방유죄), 罪在朕躬(죄재짐궁)." 周有大賚(주유대뢰), 善人是富(선인시부). "雖有周親(수유주친), 不如仁人(불여인인). 百姓有過(백성유과), 在予一人(재여일인)." 謹權量(근권량), 審法度(심법도), 修廢官(수폐관), 四方之政行焉(사방지정행언). 興滅國(흥멸국), 繼絶世(계절

세), 擧逸民(거일민), 天下之民歸心焉(천하지민귀심언). 所重(소중), 民食喪祭(민식상제). 寬則得重(관즉득중), 信則民任焉(신즉민임언), 敏則有功(민즉유공), 公則說(공즉열).

20-2 미덕과 악덕

자장이 공자께 여쭈었습니다.

"어떻게 해야 정사에 종사할 수 있습니까?"

공자께서 말씀하셨습니다.

"다섯 가지의 미덕을 존중하고 네 가지 악덕을 물리치면 정치에 종사할 수 있단다."

자장이 여쭈었습니다.

"무엇을 다섯 가지 미덕이라고 합니까?"

공자께서 말씀하셨습니다.

"군자는 백성들에게 은혜로우면서도 낭비하지 않고, 수고롭더라도 원망하지 않으며, 욕망은 있어도 탐욕은 없고, 느긋하면서도 교만하지 않으며, 위엄이 있으면서도 사납지 않은 것이지."

자장이 여쭈었습니다.

"무엇이 은혜를 베풀면서도 낭비하지 않는 겁니까?"

공자께서 말씀하셨습니다.

"백성들이 이롭게 여기는 바에 따라 해줌으로써 그들을 이롭게 한다면 이것 역시 백성들에게 은혜로우면서도 낭비하지 않는 것이 아니겠느냐? 수고롭게 할 만한 일을 가려서 수고롭게 한다면 또한 누가 원망하겠느냐? 인하고자 하여 인을 얻는다면 또 무엇을 탐내겠느냐? 군자는 많고 적음에 상관없이 작거나 큰 것을 상관하지 않으며, 감히 오만하게 하지 않으니 이것 역시 넉넉하면서도 교만하지 않는 것이 아니겠느냐? 군자가 자신의 의관을 바르게 하고, 사물을 바라보는 태도를 존엄하게 하여 사람들이 바라보기만 해도 두려워할 만큼 근엄하니, 이 또한 위엄이 있으면서도 사납지 않은 것이 아니겠느냐?”

자장이 여쭈었습니다.

“무엇을 네 가지 악덕이라고 합니까?”

공자께서 말씀하셨습니다.

“미리 가르쳐주지도 않고 죽이는 것을 잔인하다 하고, 미리 경계하지도 않고 성공을 보려는 것을 난폭한 짓이라 하며, 명령을 태만히 해놓고 기한 안에 독촉하여 이루려는 것을 도적이라 하고, 오히려 사람들에게 주어야 하는데도 출납을 인색하게 하는 것을 못된 벼슬아치라고 하지.”

子張問於孔子曰(자장문어공자왈):“何如斯可以從政矣(하여사가이종정의)?”子曰(자왈):“尊五美(존오미), 屏四惡(병사악), 斯可以從政矣(사가이종정의).”子張曰(자장왈):“何謂五美(하위오미)?”子曰(자왈):“君子惠而不費(군자혜이불비), 勞而不怨(노이불원), 欲而不貪(욕이불탐), 泰而不驕(태이불교), 威而不猛(위이불맹).”子張曰(자장왈):“何謂惠而不費(하위혜이불비)?”子曰(자왈):“因民之所利而利之(인민지소리이리지), 斯不亦惠而不費乎(사불역혜이불비호)? 擇可勞而勞之(택가로이로지), 又誰怨(우수원)? 欲仁而得仁(욕인이득인), 又焉貪(우언탐)? 君子無衆寡(군자무중과), 無小大(무소대), 無敢慢(무감만), 斯不亦泰而不驕乎

(사불역태이불교호)? 君子正其衣冠(군자정기의관), 尊其瞻視(존기첨시), 儼然人望而畏之(엄연인망이외지), 斯不亦威而不猛乎(사불역위이불맹호)?"子張曰(자장왈):"何謂四惡(하위사악)?"子曰(자왈):"不敎而殺謂之虐(불교이살위지학), 不戒視成謂之暴(불계시성위지폭), 慢令致期謂之賊(만령치기위지적), 猶之與人也(유지여인야), 出納之吝謂之有司(출납지린위지유사)."

20-3 천명과 예와 말

공자께서 말씀하셨습니다.

"천명을 알지 못하면 군자가 될 수 없고, 예를 알지 못하면 바로 설 수 없으며, 다른 사람의 말을 알아듣지 못하면 그 사람을 알 수 없습니다."

孔子曰(공자왈):"不知命(부지명), 無以爲君子也(무이위군자야), 不知禮(부지례), 無以立也(무이립야), 不知言(부지언), 無以知人也(무이지인야)."

한자어원풀이

簞食瓢飮(단사표음) 이란 한 소쿠리의 밥과 표주박에 담긴 물이란 뜻으로, 매우 검소하고 소박한 생활을 하는 사람을 비유적으로 이르는 말입니다. 『논어(論語)』「옹야편(雍也篇)」의 "어질구나! 안회여! 한 소쿠리의 밥과 표주박에 담긴 물을 마시며 누추하고 비좁은 곳에 산다면, 다른 사람들은 그 불편을 감당해내지 못하거늘 안회는 그 즐거움을 잃지 않는구나. 어질도다. 안회여!"라고 공자께서 안회를 칭찬하는 대목에서 유래했습니다.

대광주리 簞(단) 은 대나무의 곧은 줄기와 죽순껍질을 상형한 대 죽(竹)과 홑 단(單)으로 이루어졌습니다. 單(단)은 짐승의 목을 단숨에 제압할 수 있는 막대의 끝이 V 자 모양으로 이루어진 사냥도구일 뿐만 아니라 양끝에 돌덩이를 매달아놓은 원시적인 무기의 일종입니다. 또한 땅을 평평하게 고르는 데 쓰이는 삼태기와 같은 도구를 의미하기도 하였죠. 따라서 簞(단)의 전체적인 의미는 대나무(竹)를 잘게 쪼개 여어 만든 삼태기(單)와 같은 도구라는 데서 '대광주리', '소쿠리'를 뜻하게 되었습니다.

먹일 食(사, 밥 식) 는 밥그릇의 뚜껑을 그려내고 있는 ㅅ(집)과 고소할

皀(급)으로 짜여 있습니다. 皀(급)은 고소한 흰 쌀밥을 그릇가득 담아 놓은 모양을 본뜬 글자임을 갑골문이나 금문을 보면 알 수 있습니다. 그 의미는 고소한 냄새가 나는 먹음직스러운 밥을 그릇(皀)에 담아 뚜껑(亼)으로 덮어놓은 모양을 본뜬 것이죠. 보통 명사로서 '밥'을 뜻하기도 하지만 동사로 쓰일 때는 '먹다'라는 의미로 쓰인답니다. 食(식)에 대해 허신은 『說文(설문)』에서 "食은 한데 모은 쌀을 뜻한다. 皀(뽑)으로 구성되었으며 亼(집)은 소리요소이다"라고 하였습니다. 그러나 갑골문의 자형을 보면 그릇(豆)에 밥을 담아 뚜껑(亼)을 덮은 모양으로 그려져 있어 보다 설득력을 갖는답니다.

바가지 瓢(표)는 증표 표(票)와 오이 과(瓜)로 이루어졌습니다. 票(표)는 덮을 아(襾)와 제단을 상형한 보일 시(示)로 구성되었는데, 소전에는 현재의 襾(아)는 두 손(臼)으로 뭔가(囟)를 잡고 있는 모양이고, 示(시)로 변화된 자형은 불 화(火)로 그려져 있습니다. 즉 두 손으로 뭔가를 잡고서 불에 태운다는 데서 '불똥이 튀다'가 본뜻이었는데, 인문학적인 지식이 더해져 제단(示) 위에 위패(位牌)를 올려놓은 모양(襾)이라는 데서 '증표', '표지'라는 뜻을 지니게 되었습니다. 瓜(과)는 상형글자로 오이덩굴에 열려 있는 오이의 모양을 그려냈습니다. 자형외곽은 넝쿨을 뜻하고, 가운데는 달랑 하나만 열려 있는 오이와 같은 열매를 의미합니다. 따라서 瓢(표)의 전체적인 의미는 오이(瓜)와 같이 넝쿨에 열리는 박을 따 반쪽으로 잘라 표식(票)을 넣어 만든 도구라는 데서 '표주박', '바가지', '박'을 뜻하게 되었답니다.

마실 飮(음) 은 앞에서 살펴본 밥 식(食)과 하품 흠(欠)으로 이루어졌습니다. 欠(흠)에 대해 허신은 『說文(설문)』에서 "欠은 입을 벌려서 내부의 공기를 내보냄을 뜻한다. 공기가 사람의 위로부터 나가는 모양을 본떴다"라고 하였습니다. 갑골문의 자형은 보다 사실적인데, 사람이 무릎을 꿇고 앉아 입을 벌리고 하품하는 모양 그대로입니다. 따라서 飮(음)의 전체적인 의미는 하품하는 것처럼 입을 크게 벌리고(欠) 물이나 술 따위를 먹는다(食)는 데서 '마시다'는 뜻을 지니게 되었답니다.

君子不器(군자불기) 란 군자는 한 가지 용도로만 쓰이는 그릇이어서는 안 된다는 뜻으로, 한두 가지 재능개발에만 몰입할 게 아니라 두루두루 살피고 공부해 원만해져야 한다는 의미로 쓰입니다. 『論語(논어)』「爲政篇(위정편)」에서 유래했죠. '전문가 바보'라는 말이 있습니다. 한 가지만 잘해서는 온전한 인격을 갖춘 인간이 될 수 없다는 말입니다. 사회적 병폐나 우리 몸의 질병 역시도 계통적이거나 통합적 안목으로 보아야만 올바른 진단을 할 수 있습니다. 지엽적인 시각보다 숲 전체를 볼 수 있는 눈이 필요한 때입니다.

임금 君(군) 은 다스릴 윤(尹)과 사람의 입 모양을 본뜬 입 구(口)로 이루어졌습니다. 尹(윤)은 지휘봉 역할을 하는 지팡이(丿)를 오른손(彐=又)으로 쥐고 있는 모양을 그려낸 것으로, 권위의 상징인 지팡이를 쥐고 있기에 '다스리다'는 뜻을 부여하였습니다. 이에 따라 君(군)은 통치의 상징인 지팡이를 오른손에 쥐고(尹)서 입(口)으로 명령을 내릴 수 있는 사람, 곧 '임금'이나 '주권자'를 뜻한답니다.

아들 子(자) 는 강보에 싸인 아기를 본뜬 상형글자로 머리와 두 팔 그리고 하나의 다리로 묘사하였습니다. 다리를 하나로 그린 것은 아직 서서 걷지 못하는 '갓난아이'임을 나타내려 한 것이죠. 본뜻은 그러하였지만, 보통 장성하지 않은 아이들을 총칭하게 되었죠. 또한 후대로 오면서 남자의 경칭으로 쓰이기도 하고, 스승이나 작위의 이름으로까지 그 의미가 확대되었답니다.

아닐 不(불) 의 갑골문을 보면 '나무뿌리'와 같은 모양이나, 허신이 『說文(설문)』에서 "不은 새가 하늘로 날아올라가 땅으로 내려오지 않는다는 뜻이다. 一(일)로 구성되었으며, 一(일)은 하늘을 뜻하며 상형글자다"라고 한 이래 '하늘로 날아가 내려오지 않은 새'로 해석하는 게 일반적이랍니다. 그래서 부정을 뜻하는 '아니다'라는 부사로 가차되어 쓰이고 있답니다.

그릇 器(기) 는 네 개의 입 구(口)와 개 견(犬)으로 구성되었습니다. 器(기) 자는 고대의 장례풍속인 순장(殉葬)과 관련이 깊습니다. 특히 지배계급의 왕족이 사망하면 죽은 사람과 가까운 아내나 신하 그리고 첩이나 노예를 시신과 함께 묻는 순장은 고대문명권에서는 전 세계적으로 분포하는 습속이었답니다. 우리나라에서는 신라 지

증왕 3년(서기 502년) 3월에 순장법을 금지하는 법령이 반포되기도 하였답니다. 그래서 그 대안으로 사람 대신 동물, 특히 동물 중에서도 사람을 가까이서 잘 지켜주는 개를 금은으로 만든 귀중한 보물 및 그릇 등과 함께 무덤 속에 묻었답니다. 따라서 器(기)의 전체적인 의미는 죽은 사람의 시신 곁에 순장한 개(犬)와 귀중한 보물 및 평소 망자가 사용했던 그릇(네 개의 口)을 부장품으로 함께 묻었던 고대인의 장례습속을 표현한 것으로 '그릇', '도구'라는 뜻이 담겨 있답니다.

克己復禮(극기복례) 란 자신의 욕망이나 삿된 마음을 극복하고 사회적 약속인 예의를 회복함을 말합니다. 『논어(論語)』「안연(顔淵)」편에 나오는 말로, 안연이 인에 대하여 여쭈었습니다. 공자께서 말씀하시기를 "나를 이기고 예로 돌아감이 인이란다. 하루라도 나를 이기고 예로 돌아가면 천하가 인으로 돌아간단다. 인을 행함은 자기로 말미암은 것이니 다른 사람에게서 말미암이겠는가." 안연이 그 조목(條目)에 대해 여쭈었습니다. 공자께서 말씀하기를 "예가 아닌 것은 보지 말고. 예가 아닌 것은 듣지 말고. 예가 아닌 것은 말하지 말고. 예가 아니면 행동하지 말라"고 했습니다.

이길 克(극) 에 대해 『說文(설문)』에서는 "克은 견디어 이겨낸다는 뜻이다. 지붕 아래 다듬어 받친 나무기둥의 모양을 본떴다"고 하였습니다. 克(극)에 대해서는 여러 가지 설이 난무하고 있는데, 사람(兄)이 상체에 갑옷이나 투구를 착용하고서 적과 싸워 '이겨낸다'는 뜻으로 보는 게 좋을 것 같습니다.

몸 己(기)는 본래의 뜻을 잃어버린 글자 중 하나랍니다. 갑골문의 자형 역시 지금과 큰 차이는 없지만, 일부에서 주장하는 '몇 군데 매듭을 지어놓은 새끼줄의 상형'이라는 설이 설득력을 갖습니다. 문자가 있기 전에 고대 사람들이 새끼줄이나 띠 따위에 매듭을 지어 기호로 삼은 결승문자(結繩文字)로 보는 것이죠. 이러한 흔적이 '기록할 記(기)'나 '벼리 紀(기)'에 남아 있습니다. 그러나 후대로 오면서 본뜻을 잃고 '일어날 起(기)'나 '왕비 妃(비)'처럼 사람이 무릎을 꿇고 있는 모양도 동시에 나타내고 있지만 그 기원은 다르답니다. 己(기)에 대해 『說文(설문)』에서는 "己는 방위상 중궁을 뜻한다. 만물이 안으로 갈무리하므로 구부러진 모양을 본떴다. 己(기)는 戊(무) 다음에 오며, 사람의 배를 상징한다"라고 하였답니다.

돌아올 復(복, 다시 부)은 조금 걸을 척(彳)과 돌아올 복(夏=复)으로 짜여 있습니다. 彳(척)에 대해 『說文(설문)』에서는 "彳은 작은 걸음으로 걷는다는 뜻이며 사람의 다리를 형성하는 세 부위가 서로 연결되어 있는 모양을 본떴다"라고 하였습니다. 여기서 말하는 세 부위는 넓적다리와 정강이 그리고 발을 말하는 것으로 움직일 때 활용되는 다리 전체를 의미하고 있습니다. 그러나 여기서는 사람들이 분주히 오가는 '네 거리'를 본뜬 行(행)의 생략형으로 보아야 그 의미가 살아납니다. 复(복)은 갑골문에 나타난 자형을 참조한다면 대장간에서 불을 지피는 도구인 '풀무'와 발을 뜻하는 止(지)가 더해진 모양이었으나 현재자형에서는 알아볼 수 없을 만큼 변해 버렸습니다. 풀무는 발을 사용하여 바람을 일으키는 것으로, 발로 밟을 때마다 통 속의 칸막이가 왕복으로 오가며 바람을 일으켰습니다. 따라서 復(복)의 전체적인 의미는 풀무(复)와 같이 오가다(行)가 본뜻이었으나 '돌아오다'는 의미로 더 쓰였고, 또한 '회복하다', '다시'라는 뜻으로도 확장되었답니다.

예도 禮(예, 례)는 보일 시(示)와 풍성할 풍(豊, 굽 높은 그릇 례)으로 이루어졌습니다. 示(시)는 제사를 지내기 위한 제단(祭壇)을 본뜬 상형글자인데, 자형상부의 ㅡ(일)은 조상신이나 천신에게 올린 제물을, 가운데 자형(丁)은 제단을, 좌우로 삐친 자형(八)은 제물에서 흘러나온 피를 의미합니다. 豊(풍)의 본래자형은 '豐(풍)'으로 제사용 그릇을 상형한 豆(두) 위에 또 다른 그릇(凵)을 올려 온갖 제물을 예쁘고(丰: 예쁠 봉) 단아하게(丰) 쌓아올린 데서 '풍성하다'는 뜻을 지니게 되었으며 禮(예)의 옛글자랍니다. 후대로 오면서 현재의 자형으로 변했는데, 그다지 의미의 변화는 없습니다. 즉 豊(풍)의 구성요소인 曲(곡)은 대나무나 싸리나무로 만든 것처럼 비교적 큰 그릇을 뜻하고, 豆(두)는 뚜껑(-)을 덮어 따뜻한 국물을 담을 수 있는 발(ㅛ)이 달린 비교적 작은 그릇(口)을 의미합니다. 따라서 전체적인 의미는 신에게 올리는 제단(示)에 큰 그릇(曲)과 종지(豆) 가득 풍성하게 제물을 담아 정성스레 예를 갖춘다는 것을 뜻한답니다.

溫故知新(온고지신)이란 옛것을 먼저 익히어 그것으로 말미암아 새로운 사실을 알게 됨을 이르는 말이랍니다. 『논어(論語)』 「위정편(爲政篇)」에 '옛것을 익혀 새것을 알면 스승이 될 수 있다'라고 한 구절에서 유래하였습니다. 배움이란 곧 전인교육(全人敎育)적 입장에서 익혀야 합니다. 어느 한편에만 치우치면 온전한 인성을 갖추기가 어렵죠. 자신의 영성진화를 위해서는 더욱 그렇다고 볼 수 있습니다.

따뜻할 溫(온) 은 물 수(氵)와 가둘 囚(수) 그리고 그릇 명(皿)으로 짜여 있습니다. 溫(온)의 본래모양이 그려진 갑골문을 살펴보면 욕조(皿)와 같은 곳에서 따뜻한 물에 사람(人)이 목욕을 하는 모습을 본뜬 것이었는데, 일부에서는 옥에 갇힌 죄수(囚)에게 따뜻한 먹을 것을 그릇(皿)에 담아주었기에 '따뜻한'이라는 뜻을 지니게 되었다고 주장하기도 합니다. 따라서 전체적인 의미는 따뜻한 물(氵)을 담은 욕조(皿)에서 사람(人)이 물을 끼얹으며(口) 목욕을 하는 모습을 그려낸 것으로 '따뜻하다'는 뜻을 지니게 되었으며, '익히다', '학습하다'는 뜻도 파생하였답니다.

옛 故(고) 는 옛 고(古)와 칠 복(攵)으로 이루어졌습니다. 古(고)는 열십(十)과 입 구(口)로 짜여 있습니다. 갑골문에서는 입에 문 악기를 뜻하기도 하지만, 인문학적인 입장에서 살펴보겠습니다. 아버지와 자식 간을 보통 1세대(世代)라 하는데, 이때 쓰인 世 자는 열 십(十)에 스물 입(卄)의 합자인 30을 의미합니다. 이에 따라 옛날이라는 의미는 대략 열(十) 세대(10×30=300)인 3백여 년가량 사람들의 입

(口)에서 입으로 전해져 온, 즉 3백여 년 전을 뜻합니다. 攵(복)은 오른손(又)에 나무 막대기(卜)를 들고 있는 攴(복)과 같은 뜻을 지니고 있는데, 주로 자형의 우변에 놓여 '때리다', '치다', '다듬다' 등의 의미를 더해 줍니다. 따라서 故(고)의 전체적인 의미는 오래된 옛날(古) 일을 다시 들추어내(攵) 그 까닭을 캔다는 데서 '까닭', '연유'라는 뜻뿐만 아니라 古(고)의 뜻을 되살려 '옛날'이라는 의미로도 쓰이고 있습니다.

알 知(지) 는 화살 시(矢)와 과녁을 뜻하는 구(口)로 구성되었습니다. 矢(시)에 대해 허신은 『說文(설문)』에서 "矢는 활을 통해 격발하는 화살을 말한다. 入(입)으로 구성되었고, 화살촉과 활 시위대 그리고 깃털로 만들어진 전체 모양을 본떴다. 옛날에 이모(夷牟)라는 사람이 처음 화살을 만들었다"고 하였습니다. 그러나 갑골문을 보면 들 입(入) 자와는 관련이 없으며 화살 전체의 모양을 본뜬 상형글자가 분명하다고 할 수 있습니다. 矢(시)가 다른 부수에 더해지면 화살이란 본뜻을 유지하는가 하면 짧을 短(단)의 용례에서처럼 그 규모가 짧거나 왜소한 뜻을 지니면서 장단의 기준이 되기도 합니다. 따라서 知(지)의 전체적인 의미는 활에서 당겨진 화살(矢)이 과녁(口)을 향해 날아가는 방향을 끝까지 지켜보아야 향방을 '알 수 있다'를 뜻한답니다.

새로울 新(신) 은 매울 신(辛)의 생략형인 설 입(立)과 나무 목(木) 그리고 도끼 근(斤)으로 짜여 있습니다. 소리요소이기도 한 辛(신)은 죄인의 이마나 팔뚝에 먹물로 죄명을 새겨 넣던 문신의 도구를 상형한 것으로 본래 '죄'를 뜻하였으나 묵형(墨刑)을 당할 때의 고초가 몹시도 매서웠기 때문에 '맵다'와 '살상'의 뜻으로까지 확대되었답니다. 木(목)은 나무의 모양을 본뜬 상형글자로 자형상부는 나뭇가지를, 하부는 땅에 뿌리를 내리고 있는 모양을 본뜬 것이죠. 또한 도끼의 모양을 본뜬 斤(근)의 자형에서 가로획(一)은 도끼의 머리와 날을, 세로획(丨)은 자루를 본뜬 것이며, 좌변(厂)은 도끼날을 받는 나무와 같은 대상물을 본뜬 상형글자랍니다. 따라서 新(신)의 전체적인 의미는 나무에 따라 다르기는 하지만, 보통 나무(木)에 생채기(辛)를 내거나 도끼(斤)로 자르게 되면 새롭게 새싹이 돋아난다는 점에서 '새롭다'는 뜻을 부여받게 되었답니다. 그러나 본뜻은 도끼 등으로 잘라낸 '땔나무'였는데, '새롭다'는 의미로 쓰이자 풀 초(艹)를 더하여 '섶나무 薪(신)'이라는 한자가 별도로 제작되었습니다.

後生可畏(후생가외) 란 나의 뒤에 태어난 후학들이 두려울 정도로 치고 올라온다는 뜻이랍니다. 후진들이 선배들보다 젊고 기력이 좋아, 학문을 닦음에 따라 큰 인물이 될 수 있으므로 가히 두렵다는 말이죠. 『논어(論語)』「자한편(子罕篇)」에 나오는 말이랍니다. 괄목상대(刮目相對)할 만큼 자라난 후학들을 보고 싶습니다.

뒤 後(후) 는 조금 걸을 척(彳)과 작을 요(幺) 그리고 뒤져서 올 치(夊)로 이루어져 있습니다. 彳(척)은 많은 사람들이 다니는 네거리를 나타낸 行(행)의 생략형이라 할 수 있습니다. 고문에 나타난 幺(요)는 두 개의 원이 꼬인 모양으로 실타래를 본뜬 실 사(糸)의 자형 중에 하부의 小가 생략된 것으로 봅니다. 그래서 그 뜻은 '작다', '그윽하다' 등의 의미를 지니지만 여기서는 발목을 묶은 끈으로 쓰였습니다. 夊(치)는 발의 모양을 상형한 발 止(지)를 뒤집어놓은 것으로 갑골문에서는 천천히 걸을 쇠(夊)와 뒤져서 올 치(夂)가 구분되지는 않으나 대체적으로 '뒤처져 온다'는 내용을 담고 있답니다. 따라서 後(후)의 전체적인 의미는 발목(夊)에 족쇄나 끈(幺)으로 묶인 죄수가 길(彳=行)을 걷자니 자꾸 뒤처질 수밖에 없다는 데서 '뒤지다', '늦다', '뒤'를 뜻한답니다.

날 生(생)은 땅(土)에서 풀이나 나무가 싹터(屮) 자라나는 모습을 본떠 만든 상형글자로 '낳다'를 본뜻으로 하고 '살아 있다'는 뜻도 지니고 있습니다. 후대로 오면서 또한 '날것', '삶'이란 뜻으로도 확장되었답니다.

옳을 可(가)는 입의 모양을 상형한 입 구(口)와 'ㄱ' 자 모양의 농기구, 혹은 '숨 막힐 고(丂 자형하부)로 이루어졌습니다. 可(가)에 대한 해석은 두 개로 나뉜답니다. 'ㄱ' 자 모양의 농기구로 땅을 일구면서 입(口)으로 노래를 부른다는 것과 누군가 뭔가를 요청했을 때 잠시의 주저함도 없이(ㄱ, '숨 막힐 고'의 반대 모양) 입(口)에서 나오는 소리는 곧 '옳다'거나 '허락'한다는 뜻을 의미한다고 보는 견해이죠.

두려워할 畏(외) 는 귀신을 나타내기 위해 기괴하게 만든 탈을 쓰고 있는 모습을 상형한 귀신머리 불(丿 +田)에서 상부의 점(丿)이 생략된 전(田) 모양과 손에 창이나 칼을 들고 있는 모양이 변한 자형하부로 이루어졌습니다. 그 의미는 귀신 모양의 무서운 탈을 쓰고 번득이는 무기를 들고서 사람들을 위협하는 형세를 나타내 '두려워하다'를 뜻한답니다. 귀신을 뜻하는 鬼(귀)는 단지 무서운 탈(丿 +田)을 쓴 사람(儿)인 것에 비해, 畏(외)는 귀신의 형상에 창이나 칼과 같은 무기를 들고 있는 모습을 강조하였기에 사람들에게는 훨씬 두려운 존재였을 겁니다.

聞一知十(문일지십) 이란 하나를 들으면 미루어 열을 안다는 뜻으로, 매우 총명하고 영특한 이를 두고 이르는 말입니다. 『논어(論語)』 「공야장(公冶長)」편에서 유래했습니다. 공자의 제자 중에서 가난하지만 총명한 안회(顔回) 그리고 운영자금의 대부분을 충당했으며 언변이 뛰어난 자공(子貢)에게 공자가 물었습니다. "너와 안회 중에서, 누가 더 뛰어난가?" 그러자 자공은 "제가 어찌 감히 안회를 넘볼 수 있겠습니까. 안회는 하나를 들으면 열을 알지만, 저는 하나를 들으면 둘이나 알까 합니다"라고 대답했습니다. 그러나 안회는 32세로 요절했고 공자께서는 참으로 안타까워했습니다.

들을 聞(문) 은 문 문(門)과 귀 이(耳)로 이루어졌습니다. 門(문)은 갑골문의 자형 중에서 출입문의 상부에 놓인 지붕(一)이 생략된 채 오늘날까지 비교적 온전하게 유지되어 오고 있는 상형글자랍니다.

두 개의 문짝으로 만들어진 '대문'의 상형글자죠. 耳(이)는 사람의 귀 모양을 본뜬 상형글자랍니다. 따라서 聞(문)의 전체적인 의미는 외부에서 들려오는 소리를 듣는 귀(耳)는 곧 우리 몸체의 문(門)이라는 데서 '듣다'라는 뜻을 지니게 되었답니다.

한 一(일)은 옆으로 선 하나를 그어 '하나'를 뜻한 것으로 가장 기본적인 지사글자랍니다. 단순한 자형이지만 후대로 오면서 심오한 철학적 의미를 부여하기도 했답니다. 一(일) 자에 대해 『說文(설문)』에서는 "一은 유추해 보면 처음의 태극(太極)이며, 도(道)는 一을 바탕으로 하늘과 땅을 나누어 만들고 만물을 화육시켜 이루어 내었다"고 밝히고 있습니다. 즉 一을 만물의 근원인 태극으로 보았죠. 따라서 글자의 제작에 있어서도 지사글자인 一은 모든 자형의 근본이 되고 있습니다. 그 뜻은 첫째, 처음을 의미하면서도 만물의 근본이기에 '전체'라는 뜻도 지니게 되었답니다.

알 知(지)는 화살 시(矢)와 과녁을 뜻하는 구(口)로 구성되었습니다. 矢(시)에 대해 허신은 『說文(설문)』에서 "矢는 활을 통해 격발하는 화살을 말한다. 入(입)으로 구성되었고, 화살촉과 활 시위대 그리고 깃털로 만들어진 전체 모양을 본떴다. 옛날에 이모(夷牟)라는 사람이 처음 화살을 만들었다"고 하였습니다. 그러나 갑골문을 보면 들 입(入) 자와는 관련이 없으며 화살 전체의 모양을 본뜬 상형글자가 분명합니다. 矢(시)가 다른 부수에 더해지면 화살이란 본뜻을 유지하는가 하면 짧을 短(단)의 용례에서처럼 그 규모가 짧거나 왜소한 뜻을 지니면서 장단의 기준이 되기도 합니다. 따라서 知(지)의 전체적인 의미는 활에서 당겨진 화살(矢)이 과녁(口)을 향해 날아가는 방향을 끝까지 지켜보아야 향방을 '알 수 있다'를 뜻한답니다.

열 十(십) 은 숫자 一(일)에 세로 선을 내리 그어 1의 10배를 뜻하는 '열'이 되었고, 동일한 방법으로 세로 선 두 개를 그어 내리면 스물 廿(입), 세 개는 서른 卅(삽)이 되었답니다. 그러나 후대로 오면서 철학적인 의미를 부여했죠. 十(십)에 대해 『說文(설문)』에서는 "十은 완전히 갖춘 수이다. 一은 동과 서쪽이고 丨은 남과 북쪽이니 사방과 중앙을 갖추었다"고 하였습니다. 한자에서 숫자 十(십)은 완성수로 여기기 때문에 신(神)이 아닌 인간에게는 부여하지 않습니다. 그래서 바둑이나 무술에 있어서 그 경지가 아무리 뛰어나다 할지라도 최고가 9단일 뿐 10단은 없습니다.

駟不及舌(사불급설) 이란 네 마리의 말이 끄는 빠른 수레도 사람의 혀에는 미치지 못한다는 뜻으로, 입소문은 빨리 퍼지므로 말조심하라는 말이랍니다. 『논어(論語)』「안연편(顏淵篇)」에 나오는 말이죠. 위나라 대부 극자성(棘子成)이 언변과 이치에 뛰어난 자공(子貢)에게 "군자는 자질만 갖추면 되는 것이지 무엇 때문에 학문을 하는 거요?"라고 물었답니다. 그러자 자공이 말하길 "참으로 안타깝군요. 그대가 하는 말은 군자답지만, 네 마리 말이 끄는 빠른 수레도 사람의 혀에는 미치지 못하는 법이오. 학문이 자질과 같고 자질이 학문과 같다면, 그것은 마치 호랑이와 표범 가죽을 개나 양가죽과 같다고 한 것과 진배없지요"라고 대답하였습니다. 즉 극자성에게 이치에 어긋나게 말한 것이니 입조심하라는 자공의 진언입니다. 이와 비슷한 말로는 '입은 재앙을 불러들이는 문'이라는 뜻의 구화지문(口禍之門)과 비슷한 뜻의 구시화문(口是禍門)이 있답니다.

사마 駟(사) 는 말 마(馬)와 넉 사(四)로 이루어졌습니다. 馬(마)는 말의 특징인 갈기와 몸통 그리고 꼬리를 본떠 만든 상형글자입니다. 馬(마)에 대해 『說文(설문)』에서는 "馬는 성내다, 용맹하다는 뜻이다. 말의 머리와 갈기 털 그리고 꼬리와 네 다리의 모양을 본떴다"라고 하였답니다. 갑골문의 자형은 보다 사실적으로 그려져 있답니다. 四(사)는 초기글자인 갑골문에서는 옆으로 네 개의 선을 그은 '亖' 모양이었는데, 후대로 오면서 소나 돼지와 같은 동물의 입과 코 모양을 본뜬 '四'와 발음이 같다는 이유에서 가차한 것이랍니다. 四(사)에 대해 『說文(설문)』에서는 "四는 음(陰)의 숫자이다. 넷으로 나뉜 모양을 본떴다"라고 하였습니다. 갑골문의 자형은 '亖' 모양으로 그려져 있는데, 현재의 자형은 소전에서 이루어진 것이죠. 따라서 駟(사)의 전체적인 의미는 하나의 수레를 네(四) 마리의 말(馬)이 끈다는 데서 '말 네 마리', '사마수레'를 뜻한답니다.

아닐 不(불) 의 갑골문을 보면 '나무뿌리'와 같은 모양이지만, 허신이 『說文(설문)』에서 "不은 새가 하늘로 날아올라가 땅으로 내려오지 않는다는 뜻이다. 一(일)로 구성되었으며, 一(일)은 하늘을 뜻하며 상형글자다"라고 한 이래 '하늘로 날아가 내려오지 않은 새'로 해석하는 게 일반적입니다. 그래서 부정을 뜻하는 '아니다'라는 부사로 가차되어 쓰이고 있죠.

미칠 及(급)은 서 있는 사람의 모습을 본뜬 사람 인(人)과 오른손의 모양을 상형한 오른손 우(又)로 구성되었는데, 앞서가는 사람(人)을 뒤에서 손(又)으로 붙잡을 수 있다는 데서 '미치다', '도달하다'는 뜻을 지니게 되었답니다.

혀 舌(설)은 입 밖으로 내민 혀를 본떠 만든 상형글자랍니다. 舌(설)에 대해 『說文(설문)』에서는 "舌은 입 안에 있는 것으로 말을 하고 맛을 구별하는 것이다. 干(간)과 口(구)로 짜여 있다"라고 하였습니다. 즉 입(口) 안에서 방패(干)와 같은 역할을 한다는 의미를 부여하였죠.

일상과 이상을 이어주는 책 _____

일상이상

인생에 한 번은 읽어야 할
논어 論語

ⓒ 2020, 최상용

초판 1쇄 펴낸날 · 2020년 2월 14일
초판 2쇄 펴낸날 · 2023년 3월 3일
펴낸이 · 김종필 | 펴낸곳 · 일상과 이상 | 출판등록 · 제300-2009-112호
주소 · 경기도 고양시 일산서구 후곡로 10 910-602
전화 · 070-7787-7931 | 팩스 · 031-911-7931
이메일 · fkafka98@gmail.com
ISBN 978-89-98453-68-8 (03140)